历史不能忘记系列 ⑯

儿童抗战

王　艳　陈争艳 ◎ 著

中国民主法制出版社

2015年 · 北京

图书在版编目（CIP）数据

儿童抗战/王艳，陈争艳著．—北京：中国民主法制
出版社，2015.7
（历史不能忘记系列）
ISBN 978-7-5162-0941-7

Ⅰ.①儿… Ⅱ.①王… ②陈… Ⅲ.①抗日战争史—
中国—青少年读物 Ⅳ.①K265.09

中国版本图书馆 CIP 数据核字（2015）第 180305 号

历史不能忘记系列
　张量　主编
图书出品人：刘海涛
出 版 统 筹：赵卜慧
责 任 编 辑：吕发成　胡百涛

───────────────────────────

书名/儿童抗战
作者/王艳　陈争艳　著

───────────────────────────

出版·发行/中国民主法制出版社
地址/北京市丰台区玉林里 7 号（100069）
电话/63055259（总编室）　63057714（发行部）
传真/63056975　63056983
http：//www. npcpub. com
E-mail：mzfz@npcpub. com
经销/新华书店
开本/32 开　880 毫米×1230 毫米
印张/5. 625　**字数**/109 千字
版本/2023 年 3 月第 2 次印刷
印刷/涿州市荣升新创印刷有限公司

───────────────────────────

书号/ISBN 978-7-5162-0941-7
定价/49.80 元

▶ 修订版序

　　中国出版集团旗下中国民主法制出版社，将在中国人民抗日战争暨世界反法西斯战争胜利 70 周年之际，修订再版"历史不能忘记"系列丛书，我感到非常高兴。当年我参加组织编写了这套丛书，得到了社会的认可。在老一辈无产阶级革命家杨成武同志为第一版作序后，由我为再版作序。虽然水平有限，然出版社坚持，也只好尽力而为了。

　　1993 年以后，日本国内的右翼势力开始猖獗，日本政局也开始出现右倾化的动向，不时上演参拜靖国神社、篡改历史教科书、否定南京大屠杀，为日本侵华战争涂脂抹粉，企图推卸战争责任的闹剧。前事不忘，后事之师。要让中国人民和世界人民永远牢记这段历史，尤其要让青少年从小就了解、记住这段历史。在我国国内，虽然抗日战争方面的图书资料很多，却难见一套比较系统地对青少年进行抗日战争方面的爱国主义教育的丛书。1998 年初，中国民主法制出版社的编辑赵卜慧等同志策划了"历史不能忘记"系列丛书。受出版社邀请，我组织时任中国社会科学院近代史研究所所长、《抗日战争研究》杂志主编、中国抗日战争史学会副会长张海鹏，中国第二历史档案馆馆长、中国抗日战争史学会理事周忠信，中国人民大学中共党史系主任、博士生导师陈明显，中国人民抗日战争纪念馆编研部主任、中国抗日战争史学会常务理事、研究员张量和中国人民解放军军事医学科学院研究员、细菌学专家郭成周以及对抗日战争史有深入研究的专家学者，精心编写了这套丛书。这套丛书收录了大量的史料和图片，有些是首次公之于众的，揭露了日本侵略中国所犯下的滔天罪行，如南京大屠杀、日军细菌部队罪行等；讴歌了中国人民浴血奋战，与日本侵略者血战到底的气壮山河、可歌可泣的民族精神，如八一三淞沪会战、台儿庄战役、百团大战等。该丛书第一版推出12本，于1999年9月出版。丛书出版后在读者中引起了很好的反响，当年就名列共青团中央"中国新世纪读书计划第7期新书推荐榜"，并被列为上海市中小学生图书馆必备书目，荣获第9届上海市中小学生优秀课外读物三等奖。

近几年，日本政府在右倾化的道路上越走越远，尤其是安倍上台以后，不但矢口否认历史，而且否认对侵略历史表示歉意的"村山谈话"，挑起诸多事端，解禁集体自卫权，对外出售武器，动摇日本战后和平宪法的根基，加快日本军国主义的复活，引起世界各国尤其是曾经遭受日本军国主义铁蹄蹂躏的亚洲邻国的高度警惕。

为了铭记历史、缅怀先烈、珍视和平、警示未来，2014年2月27日，全国人大常委会通过了《全国人民代表大会常务委员会关于确定中国人民抗日战争胜利纪念日的决定》，以法律的形式，将每年9月3日确定为中国人民抗日战争胜利纪念日；2014年4月10日，又通过了《全国人民代表大会常务委员会关于设立南京大屠杀死难者国家公祭日的决定》。今年是中国人民抗日战争暨世界反法西斯战争胜利70周年，我国将在纪念日举行空前盛大的阅兵活动，向世界宣示中国维持战后世界秩序的坚定决心。

在此之际，修订再版"历史不能忘记"系列丛书，充分体现了中国民主法制出版社的担当意识和责任精神。丛书站在新的历史方位，挖掘和整理最新史学研究成果和文献资料，由初版12册增加到22册，内容更加丰富，事实更加清晰，范围更加广阔，尤其是把儿童抗战、文化抗战、台湾抗战、空军抗战、海军抗战等鲜为人知的抗战史料呈现在读者面前。不难看出策划者把这套丛书作为精品工程精心来打造的良苦用心。

2014年7月7日，习近平总书记在纪念全民族抗战爆发77周年仪式上指出，历史是最好的教科书，也是最好的清醒剂。中国人民对战争带来的苦难有着刻骨铭心的记忆，对和平有着孜孜不倦的追求。中国的抗日战场，是世界反法西斯战争的东方主战场，中国抗日战争的胜利，为世界反法西斯战争作出了积极贡献。中国抗日战争的胜利，是中国近代以来第一次取得的反对外来侵略的彻底胜利，一雪百年屈辱历史，它是中华民族由衰败走向振兴的重大转折。

实现民族复兴的中国梦，是每一位中华儿女共同的历史使命。中华民族的伟大复兴、美丽中国梦的实现，许多道理需要让历史告诉未来。中国人民会铭记这段历史，以史为鉴，时刻保持清醒头脑，警惕日本军国主义的死灰复燃，牢记"落后就要挨打，就要受人欺负"的教训，紧密地团结在以习近平为总书记的党中央周围，发奋图强，努力学习和工作，把我们的国家建设得日益繁荣富强，为早日实现中华民族伟大复兴的中国梦而努力奋斗。

中央档案馆原馆长

中国档案学会原理事长

中国抗日战争史学会原副秘书长　王明哲

2015 年 5 月

▶ 第一版序

抗日战争，这是个历史性和现实性都很强的话题。

说它具有很强的历史性，那是因为，这场战争的爆发距今毕竟已有62年。时至今日，战争的硝烟早已散尽，在和平共处五项原则的基础上，中日两国正面向未来，致力于建设和平与发展的友好合作伙伴关系。至于有关反映抗日战争的文章和书籍，60多年来则更是难计其数。

说它具有很强的现实性，则是由于：其一，抗日战争毕竟是自1840年鸦片战争以来，帝国主义列强发动的历次侵华战争中最残酷的一场战争，也是中国人民反抗外来侵略最坚决并最终取得全面胜利的一场战争。这场惨绝人寰的侵略战争造成了3500万中国人的伤亡，造成了1000亿美元的直接财产损失，使千百万中国人流离失所。这么一场空前的民族大灾难，无论如何不应该也无法从人们的记忆中抹去。其二，抗日战争虽然早已结束，但它给我们留下许多血的教训：得道多助、失道寡助。尽管有一时的强弱之别，然而玩火者必自焚，正义终将战胜邪恶；贫穷、落后就要挨打，就会受人欺辱，只有国家富足强盛，才能人民安居乐业……所有这些，都将犹如警钟长鸣，时时警示着世人。其三，人总是要有点精神的。中华儿女在这场民族灾难中所表现出来的浴血奋战、不怕牺牲的抗战精神，作为一种极其宝贵的精神财富，无论时间再久远，都将永久地熠熠生辉、光芒四射。在和平的年代里，在社会经济建设中，我们仍然需要弘扬这种宝贵的民族精神。其四，随着时间的推移，抗日战争渐渐成为历史，年青的一代只能从历史书籍、从教科书中去了解这场战争的真相了。也正因为如此，在日本，总有那么一些人不时地挑起事端，他们或在教科书问题上大做文章，或在日军侵华史实上黑白颠倒，企图篡改历史，误导后人。历史霎时间似乎成了一个任人打扮的小女孩。为此，要不要把这场战争的本来面貌告诉世人特别是年青的一代，显然成了摆在每一个史学工作者面前的现实问题。

有鉴于此，中国民主法制出版社约请了长期从事抗日战争问题研究、占有大量客观资料的专家学者，历时数载，撰写了这套"历史不能忘记"丛书。丛书本着对历史负责，对后人负责的态度，严格尊重史实，凭借事实说话，分《以史为鉴　面向未来》《九一八事变》《七七卢沟桥事变》《八一三淞沪会战》《平型关战役》《台儿庄战役》《南京大屠杀》《百团大战》《日军细菌战》《中国空军抗战》《中国海军抗战》《中国抗日远征军》

《抗日英烈民族魂》《华侨支援祖国抗战纪实》《国际友人与抗日战争》《华北抗日》《华东抗日》《华南抗日》《抗战中的延安》共 19 个分册，全方位多角度、系统客观地披露和介绍了抗日战争的爆发背景以及发动经过、侵华日军在战争中所犯下的滔天罪行、中国军民抗击侵略者的著名战役、献身于抗战的民族英烈等。其中，一些材料和观点尚属首次公开发表。

日本的一位首相曾经说过："我们无论怎样健忘，也不能忘记历史。我们可以学习历史，但不能改变历史。"作为一种民族灾难，抗日战争过后的今天，无论是挑起这场战争的加害国还是遭受侵略的被害国，惟有正视史实，以史为鉴，才能更好地面向未来，防止悲剧再度发生。而再现历史真相又是问题的逻辑前提。我想，这恐怕正是撰写和出版这套丛书的目的所在吧。

作为抗日战争的亲身经历者，我愿意把这套丛书推荐给需要了解和应当了解这段历史的人们。

杨成武

1999 年 4 月 4 日

　　战争，离我们很遥远吗？

　　生在新中国，长在红旗下的我们，生活富足小康，社会进步繁荣，对于战争的感受仅来自于文字的描述和影视剧里铿锵的渲染。但其实，如间歇性癫狂症一般的战争，从未走得太远。第一次世界大战和第二次世界大战间隔居然不到25年，第二次世界大战距离现在也不过几十年而已。新中国成立后，我们逐渐远离了隆隆的枪炮声，可有些当年战场上死里逃生的小勇士们还在，那些冲锋陷阵前仆后继的记忆还在。当年的他们还只是娃娃，在硝烟弥漫的抗战时期，在中华民族的危亡时刻，被推上了历史的舞台，哪怕只是折子戏，哪怕只是配角。他们尽了最大的努力去演绎什么是民族精神，什么是英勇不屈。

　　儿童是这场战争中最最无辜的人群，烽火中的孩子们被迫面对战争的残酷，过早投身于你死我活的战场，失去亲人，失去伙伴，失去生活，失去未来，甚至失去生命。在惶恐不安中长大，学会了坚强，学会了奋起抗争。可孩子们毕竟尚未具备完整的社会属性，他们的所作所为所思所想，有赖于社会大环境的影响和家庭小环境的引导。因此说到儿童的抗战，不能不说到孩子之外的人和事。正是得益于那些致力于战时儿童救护、儿童教育、儿童组织的人们，才有效地保存和优化了我们的有生力量。现在的孩子们可能无法体会那个时代同龄人的惊怖吧！我们谴责现在的影视剧中的镜头太过血腥暴力，而那个年代的孩子们就真实地生活在其中，他们的价值观和人生观都不可避免地染上了血腥。杀戮与儿童，本就是应该离得远远的两个词，可在战争年代却无法将两者隔离。我们渴望和平，但绝不屈膝乞求和平。面临强敌外辱时，中华民族涌现出了数不清的抗日英雄，这其中自然少不了许多知名和不知名的少年英雄，他们跟父辈一起，用自己稚嫩的肩膀，扛起了抗战的大旗。可谓乱世出英雄，有志不在年高。这些孩子们在烈火中成长为英勇的小斗士，他们有其独特的用武之地，比如在打仗时，钻入成人无法钻入的地道，搭人梯时可以在最顶端瞭望敌情，或是麻利地爬上高墙大树，等等。在不打仗时孩子们亦可担任起放哨打杂的任务，比如通信联络，打个下手，照顾老兵军官，伙房帮厨，跑跑腿什么的。儿童团、童子军、孩子剧团……那个战火纷飞的年代里，在水深火热的抗日烽火中，他们以不同身份参与了这场战争，在历史上留下了他们的面孔，发挥了成年人们无法替代的作用。

　　向当年那些随着战争成长的孩子们致敬！向那些为战时的孩子们提供帮助和庇护的人们致敬！抗战胜利的旗帜上有你们鲜红的印记，后人不会忘记，历史更不会忘记！你们为祖国付出了生命和鲜血，将永垂不朽！

▶ 目 录

抗日儿童团

　　儿童团是中国少年先锋队的前身，是在中国共产党直接领导下在革命根据地成立和活动的具有"共产主义儿童运动"和"抗日救亡"性质的儿童抗日活动团体，它的主要任务是从事学习和生产的同时进行站岗、送信、放哨等抗敌活动，分担成年抗日军人的部分战争压力。共产党领导下的儿童团曾活跃着一批抗日小英雄的身影，他们具有不畏强暴的抗日精神，

▲手持红缨枪站岗放哨的儿童团员

时刻准备着为维护祖国的独立自由献出自己的生命。人们耳熟能详的抗日小英雄王二小、刘胡兰等曾是儿童团的一分子。

新文化运动时期，先进文人如梁启超等的文化宣传工作使得儿童开始受到国人的重视，人们逐渐看到了儿童对革命斗争的促进作用。

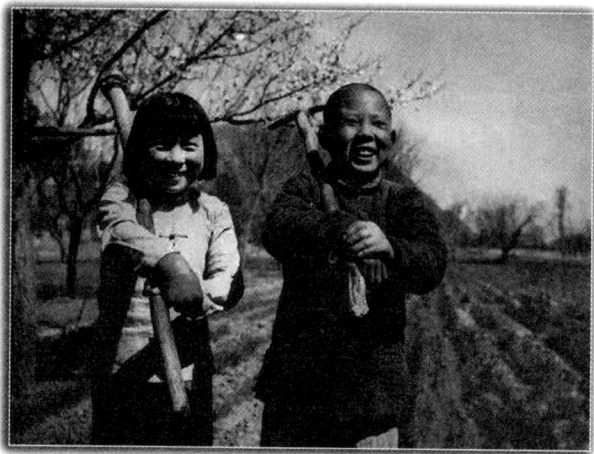

▲儿童团员开荒

◎ 从劳动儿童团到共产儿童团

劳动儿童团是人们在苏维埃区域活跃的童子军组织的称呼，从成立的那一天开始，它就承担着用共产主义精神教育儿童，对儿童进行革命训练的任务。1928 年中国共产主义青年团在代表大会上通过《儿童运动决议案》，明确指出：要在苏维埃区域内做宣传劳动儿童团的工作，推动儿童团组织的扩大，并加强党组织在劳动儿童中的领导作用，领导儿童团的成员参加实际斗争从而获得锻炼，将劳动儿童团视为共青团的后备力量；对劳动儿童团的成员进行政治思想教育并向他们灌输共产主义思想，打破儿童团成员的封建腐化观念和陈规陋习，培养他们的革命斗争观念。由此看来，劳动儿童团扮演着儿童思想教育者和后备干部培养者的双重角色。

劳动儿童团在推动革命斗争的发展上发挥了较大的作用。大革命失败初期，劳动儿童团不畏当时白色恐怖的严峻政治局势仍在中国共产党的领导下坚持斗争。著名的秋收起义和广州起义的队伍中就活跃着江西安源、广东广州等地的劳动儿童团员的身影。劳动儿童团还在国统区范围内发动各种抵抗运动反对国民党新军阀的反动统治，这在革命进入低谷时期显得相当难能可贵。

在大革命失败后的一年内，曾流行起"童子团只是训练的组织"的错误认识，中国共产主义青年团坚决反对这一错误认识，多次指出劳动儿童团是以解放童工为目标而斗争的革命组织。中国共产主义青年团坚持了对革命儿童组织的领导，引导更多的苦难儿童加入通过革命方式解放自身的阵营中。共青团在 1928 年 7 月召开的共青团第五次全国代表大会上指出将争取劳动儿童群众作为劳动儿童团开展活动的基本方针。《儿童运动工作决议案》指出在城市中要注意组织教育产业童工和学徒以及无业儿童，用多种形式把他们组织起来；要求利用办平民学校和私塾来团结教育农民子弟；要在学校创办学生会，组织各种儿童组织和儿童集会；在苏维埃地区等共产党直接控制下的地方，宣传和扩大劳动儿童团。由此可见，共青团在革命低潮时期，仍坚持发展大革命中党团所确定的劳动儿童团的组织基础——童工、学徒、小学生、牧童等城乡劳动儿童和穷苦儿童。各地区的劳动儿童团贯彻决议的新精神，在各大城市和乡村地区做了大量的工作。在这种利好的情形下，沿海地区以及内陆省份的劳动儿童团组织的活动得到相当程度的修复。

劳动童子团员们普遍开展学习、文体活动；他们发展生产，为建设苏区出力；他们站岗放哨、发动双亲、勤俭捐献、积极支援前线，还开展具有土地革命战争时期特色的扩大红军、拥军优属活动，为保卫苏区作出贡献。劳动童子团日渐成为苏区中一支不可忽视的力量。

▲儿童团员奋力开挖水塘

▲修桥补路、参加劳动也是儿童团员的工作之一。

▲临汾，儿童团员集中在学校的操场上。

◎ 共产党领导下的儿童团的历史性转变

中国共产党在领导儿童运动、创办儿童团的初期注重对儿童的教育工作，所谓的转变就是要转变到斗争和群众工作中去。强调儿童运动的实践性，要求在维护儿童利益的前提下，开展更广泛的实际斗争来锻炼培养革命的未来；向群众工作转变，就是克服低估革命儿童组织作用、不信任儿童大多数的思想及袭用党团工作方式、方法的现象，强调儿童运动的组织基础的广泛性、要求广泛动员儿童群众，联合一切革命儿童团体，在儿童较为集中的地方建立组织，形成儿童工作系统，注意训练儿童工作干部等。

▲儿童团接受检阅

在儿童团运动的转变过程中，少共国际施加了较为重大的影响。在 1929 年底，共产国际提出资本主义世界体系的经济危机第三时期即将到来的理论。少共国际根据这一理论的精神举行执委会全会，要求各国共青团的工作实行转变。少共国际儿童局在 1930 年 6 月致信中国共青团中央，传达了少共国际执委会全会的精神。

少共国际儿童局基于对中国形势的分析，从一般共产主义儿童运动的总要求出发，向中国共青团中央发出指示，要求"把工人阶级的儿童群众，广大地吸收到斗争中来以及建立一个强固的集中的儿童团组织"，并按照向斗争和群众工作转变的一系列具体任务，逐一对中国儿童运动作了指导。在当时国际共产主义运动的组织原则下，少共国际的上述指示有制约性，是必须执行的。

在儿童运动转变过程中，儿童运动的性质和中心任务得到重申从而更加明确。共青团中央强调我国革命儿童运动的性质是中国共产党和共青团领导下的共产主义儿童运动；儿童运动的基本任务是用儿童所了解的方法向劳动儿童进行共产主义教育。

1930 年 12 月中国共产主义青年团通过并颁布文件《儿童运动决议》，将苏维埃政府地区内的各劳动童子团组织分批更名为共产儿童团。在儿童运动转变过程中，革命儿童组织的建设得到改进和加强。共青团中央要求在苏区成立名称统一的"共产主义儿童团"；在国民党控制的国统区则不必统一组织名称，而采用"儿童团体联合会"或"革命儿童团体联盟"的形式达到名称各异的儿童组织的联合；由劳动童子团改名而形成的共产儿童团以红领巾作为团组织和团成员的标志，以"准备着，时刻准备着"作为口号。举手礼是共产儿童团的礼节。在之后几年的时间里，苏维埃地区在共产党的正确领导下不断扩大版图，共产儿童团也随着苏区的扩大而快速发展起来。据统计，在 1932 年全苏区共产儿童团团员总数有

70 万人左右。

苏区中央儿童局和各地苏区的儿童局先后建立,担负检查、领导儿童工作的责任。

共产儿童团在组织方面采取民主集中制的原则。共产儿童团的组织系统内部的基层单位是村团部委员会,其由团员代表大会选举产生。在村团委之上还有乡团部、区团部、县团部、省团部,也是由团员代表大会选举产生。后来共青团中央决定撤销区团部以上的各团部的独立组织系统的地位并成立儿童局,让擅长从事儿童事业的共青团员担任儿童局书记。

总体上来说,中国共青团在儿童运动多个重大问题上,没有生搬硬套少共国际的指示,走出了有中国特色的儿童运动发展道路。20 世纪 30 年代初的中国,仍是半殖民地半封建的社会。少共国际在当时发出的指示是对一般资本主义国家内共产党领导的共产主义儿童运动而言的。在半殖民地半封建的中国,如何贯彻少共国际的指示,这对于仅有十年历程的中国共青团、对团的儿童工作无疑是个不得不考虑的问题。中国共青团把握住少共国际指示的精神实质——向斗争和群众工作转变,从中国儿童运动的实际出发,面对国内白区、苏区并存的实际情况,既坚持共性要求,又注重个性特点。不仅对党团领导的儿童运动的性质、任务、组织原则、组织建设、工作机构、干部任命等作了统一的规定,而且灵活地对白区、苏区在儿童组织名称、儿童运动具体任务等方面作了各有侧重的规定。例如,苏区儿童运动的具体任务是教育儿童拥护苏维埃和红军,拥护土地革命,参加反对地主富农的斗争,改良儿童的生活和教育;而在白区儿童运动的具体任务中,更强调教育儿童反对帝国主义和国民党反动统治者，参加阶级斗争，改善儿童的生活。

▲儿童和玩具手榴弹、地雷

▲手持大刀长矛参加训练的少年儿童

◎ 抗战时期儿童团的工作

在硝烟弥漫的抗日岁月里，共产党在革命根据地广泛成立抗日儿童团。1938 年 10 月西北青救会第二次代表大会通过了抗日儿童团的组织章程。团章规定建立儿童团的宗旨是：一、联合全中国（西北和华北）的小兄弟小姊妹结成好朋友；二、大家共同学习、工作和游戏；三、参加救国工作。7 岁以上 14 岁以下的儿童少年都可参加。它的任务是：一、宣传大家打日本；二、侦察敌情捉汉奸；三、站岗放哨送书信；四、尊敬抗战官和兵；五、帮助抗属来做事；六、学习生产不稍停。它的礼节为右手五指齐额举起。五指表示中华五大民族的儿童团结起来，打倒日寇汉奸。口号是：时刻准备着！

西北和华北各地的儿童们纷纷加入儿童团，积极参加抗日救国斗争。在此基础上，1940 年 2 月，中华民族解放先锋队、西北青年救国联合会作出了《纪念"四四"儿童节与开展儿童工作决议》，提出要"帮助已有的儿童团体，普遍建立抗日儿童团"。还"特别建议陕甘宁边区青救会及华北各地青救会要加强对儿童工作的领导"。"县以下设立独立系统的儿童团，县以上可在各级青救会设儿童部（科），配备专门的干部来领导和管理儿童工作。"决议还指出，要"以主动的、积极的、耐心的精神去开展游击区及敌占区的儿童工作，要善于用各式各样灵活机动的方式来揭露敌人汉奸的奴化教育、反共教育，争取儿童不受麻醉愚弄"。

在抗日战争日益接近胜利的时候，斗争也越发艰苦，党和抗日民主政府也更加关心和支持少年儿童工作。1945 年 3 月，晋察冀边区行政委员会和各界抗日联合会在迎接和纪念"四四"儿童节的指示中，对全边区儿童工作提出了五大任务：一、组织动员全体少年儿童积极帮助家庭劳动，并把生产和学习很好地结合起来；二、加强民族气节教育，普遍开展"五不运动"；三、开展文化娱乐工作，适当进行军事体育锻炼；四、反对封建残余的束缚虐待；五、加强游击区的学校教育工作和抗日宣传工作。

1945 年 4 月 4 日，盐阜行署作出《关于爱护儿童扶植儿童团的决定》。决定指出："儿童团是儿童们寻求解放的战斗集体，我们要扶植它，予以必要的援助。他们是破除迷信、宣传卫生、传播文化的优良助手；他们是反对旧礼教、旧习惯及一切欺压他们的恶势力的小战士。他们在民族解放斗争中，也作了不少惊天地而泣鬼神的伟绩。因此，村政府应尽一切可能帮助儿童团开展儿童工作，县、区政府应在各方面予儿童以有力的指导与扶助，使它发展巩固。"党政机关这些决议和指示，正是抗战时期儿童运动得以深入发展的重要条件。儿童团作为中国共产党领导下的儿童抗日预备队，不仅壮大了抗日队伍的实力，为抗战胜利做出了不可磨灭的贡献，同时也培养出一批抗争意识强烈的无产阶级革命斗士。

儿童团的孩子们站岗放哨、捉汉奸、送情报，利用自己年纪小、不被注意的特点，深入敌后，出色地完成任务。在晋察冀一带，直到现在仍流传着放牛小英雄王二小把日本鬼子引进八路军包围圈的故事。晋察冀边区抗日儿童团还开展了"五不运动"：不给敌人带路；不给敌人送信；不吃敌人的糖；不念敌人的书；不告诉敌人藏粮的地方。据不完全统计，在抗战结束前夕的 1945 年 4 月，在全国十九个较大的抗日根据地里，基本上都建立了儿童团或类似名称的革命儿童组织。

▲参加抗日救国儿童团的小男孩　▲表示坚决抗日的孩子们

▲参加射击演习的孩子们

◎ 儿童团在抗日战争中的突出作用

一、设岗放哨、监视敌情

日伪经常向根据地派遣汉奸特务，一方面是收集情报，一方面还四处散布谣言，妄图搞乱人心，伺机破坏。为粉碎汉奸的破坏，根据地在一些要道路口竖立十字牌，派儿童团员设岗盘查来往行人。他们在无人来时自己复习课本，有人来时就检查来往行人的路条，成为维护治安的小哨兵。为配合新四军打击敌人，争取早日得到胜利，儿童团员经常利用自己人小不被敌人注意的优势，潜入敌人驻地摸情况，或是到伪军头目睡觉的地方，暗地里送上一封信，放在他枕头下边，警告他不要再干坏事，并要他把敌人的活动情况随时向新四军报告，争取立功赎罪，为自己留条后路。儿童团员做了很多大人难以做到的事。

▲"消息树"上的小哨兵

▲儿童团员放哨查路条

二、拥军优属、宣传抗日

建立人民政权，首先要抓组织教育和发动群众工作。儿童也是群众的一部分，不但要让团员接受党的教育，还要发动他们做群众工作，如扫盲学文化，特别是冬天农闲组织冬学，由儿童团员担任小先生。那时农民多数不识字，儿童团员除帮助自己家大人学习外，还要到其他人家去当小先生。课本内容都是关于教育群众、组织群众的道理，既读书识字，又学习革命道理。

抗日工作是多方面的，在儿童团承担的工作中，宣传是主要的一项。宣传的方式多种多样，而且不花一文钱。写标语口号不用笔墨纸张，发动儿童团员把家里烧饭锅底刮下的黑灰，集中起来用水兑成墨汁，再把洗锅时用坏的"锅巴刷"拿来当笔，在比较显眼的路口墙上写大标语。要是墙不平，就用泥粉刷一下。还组织文艺宣传演出，唱歌跳舞，大受群众欢迎。演出内容主要是宣传抗日、锄奸、反霸，或欢庆某次战斗的胜利，鼓舞军民抗日斗志。

▲儿童团员们在识字

▲儿童团员照顾伤病员

　　儿童团还经常帮助抗日将士的家属从事生产活动，如农忙时帮助收拾庄稼、晒稻谷，平时帮助抬水扫地做家务，节日里向烈军属送礼品，如春节送馒头、团子，端午送粽子，中秋送月饼等。有时还搞些专场慰问演出，请抗日将士的家属坐头排，显示参军抗日最光荣。

▲儿童团的孩子在唱歌

◎ 安源儿童团——共产党领导下的最早的儿童团

中国共产党领导儿童团的历史最早可以追溯到安源儿童团的建立和活动。安源儿童团曾在安源党支部和团支部的领导下作为重要的生力军在安源路矿工人运动中发挥着不可忽视的作用。安源儿童团的建立，开创了中国共产党领导中国少年儿童组织的先河，儿童团是中国少年先锋队的先驱组织。安源因而成为中国少年先锋队的诞生地。

安源儿童团在成立初期的名称是"劳动童子军"，当时青年团安源地委、安源路矿工人俱乐部文件记载和人们的习惯简称就叫"童子军"。

安源儿童团作为开发儿童本能、训练儿童能力的公开组织，其性质与党、团组织有着一定的共性和区别。安源儿童团的宗旨是顺应儿童的需要，训练儿童以激发儿童的潜力，从而达到将儿童培养成合格健全的国民的目的。其训练的主要对象是工人子弟。

安源儿童团成员主要的活动是参加学习和训练，安源儿童团在对成员的教育方面有着自己独特的地方：将课程分为正课和补充课两种。正课相当于必修课，是每位儿童团成员都要参与学习的。而补充课相当于选修课，其种类繁杂，课程的设置经常有所变动。而训练方面安源儿童团则采取了较为严格的纪律，定期安排训练。

安源儿童团团员在接受教育的过程中也参与实际的革命斗争。安源儿童团团员参与革命斗争的方式主要有三种：一是慰问受伤同志，坚持革命斗争；二是站岗放哨，掩护革命活动；三是开展革命宣传活动，直接参与革命运动。

安源儿童团被称为红色儿童团，其原因有三点。

首先，安源儿童团是在中国共产党领导下组织建立的最早的儿童组织。在安源儿童团尚未成立之前全国其他地方早就建立了童子军，但这些童子军都不是在中国共产党领导下组织建立的。中国共产党通过安源路矿工人俱乐部、教育委员会、工人学校三级机构实行对儿童团的领导。

其次，安源儿童团接受革命教育，参加革命活动。安源儿童团建立在路矿工人子弟学校内，那里的大多数教员都是共产党员和青年团员，采用的教材是安源路矿工会教育股编印的《小学国语教科书》，此教材属于向儿童传播共产革命思想的红色教材，向儿童宣传马列思想，鼓励儿童站在广大工人阶级的立场上。

最后，安源儿童团培育了大量的革命人才。安源儿童团在长期的革命斗争中，几起几落，它由当初的几十个人发展到数百人。一批少年儿童经过党和儿童团的培养教育和战斗洗礼，从安源走到了井冈山，走向了延安，在新中国的建设事业中发挥了重要的作用。

▲受表彰的儿童团员

中国童子军

◎ 中国童子军的源头

　　清末，列强的坚船利炮打开了中国的国门，闭关锁国、自满自欺的岁月一去不复返，西方教育思想在中国传播的步伐大大加快。由于清朝的科举教育制度在末期已经腐化到了极点，引起国内受西方思潮影响的先进知识分子的不满，他们积极向国外学习先进的教育思想。童子军教育思想正是在这种西学东渐的情况下迅速传入中国。清末中国教育界掀起一股变革教育制度的思潮，在这股思潮的影响下各种教育变革思想纷纷出现，其中传播范围最广的当属军国民教育思想。军国民教育思想讲究尚武，反对中国古代盛行的"重文轻武"的旧教育思想。军国民教育思想的拥护者认为清朝"重文轻武"的思想是造成中国在列强的侵略战争中接连失利的重要原因，要想加强国防就要放弃陈旧的"重文轻武"思想。军国民教育思想与童子军教育思想不谋而合，并成为中国童子军发展的思想源头。

　　20 世纪，童子军作为一种学育结合的儿童团体在世界范围内流行开来。创始人是英国人贝登堡。贝登堡希望通过建立童子军组织，让儿童在大自然里进行军事训练和游戏，以此提高少年儿童的身体素质和抗压能力。童子军教育有利于帮助儿童养成良好的性格、树立服务社会的远大理想、成为遵纪守法的爱国公民。

　　武昌文华学院的严家麟教员借鉴国外的童子军教育形式，集结自愿儿童成立中国第一队童子军，称为"文华童子军"，此为中国童子军教育的早期实践开端，从思想走向了实践。其他民间童子军组织也逐渐筹备成立，其中比较有影响的童子军团体有中华全国童子军协会和上海"中华童子军总会"等。

▲上海某投票站大门处的童子军

◎ 中国童子军的发展

　　中国早期童子军教育几乎是照抄英美童子军的套路，但由于中国社会的发达程度落后于西方国家数百年，以及在文化、传统、地理环境等各方面的国情与西方国家差异较大，因此从英美国家照搬过来的童子军教育在中国遇到了水土不服的困难。首先，参与儿童人数较少，教员基本是外国人，课程大多采用英文教学，主要在租界活动，影响有限。其次，早期童子军的创办者大多是教会学校等国外流传进来的基督教组织，此时的童子军处于自由发展的阶段，政府没有对童子军教育进行直接干涉，只要求活动的童子军到相关部门进行登记即可。发展童子军教育面临的资金和教师资源两大问题都是创办者和支持人士自行解决的。由于此时童子军教育在中国存在的时间尚短，合格的童子军教师资源比较缺乏，童子军的创始人们只好采取开设童子军教官培训班等措施来培养童子军教师，但却只是杯水车薪。童子军活动所需的资金主要依靠童子军组织者通过各种方式和途径向社会上流人士和富商巨贾募捐。总的来说，中国早期的童子军教育完全处于民办的状态，没有出现过多的政府干涉。

多种原因导致中国童子军早期发展缓慢，后来一些思想先

▲ 一名年轻的吹号手吹号召集学童

进的中国教育家悟出了中国童子军教育必须走中国化道路的道理，将西方童子军教育思想同中国的具体国情相结合，推动了中国童子军教育的大发展。

▲坐在书桌前的两名学童

◎ 中国童子军的统一化与异化

前两个时期童子军虽然不同程度地受到了教育界人士及政府的关注，但因为当时军阀混战，没有统一的中央政府，军阀集团各自为政、互不买账。这导致中国童子军教育注重形式，极不统一。随着国民大革命的势如破竹，国民党成立政府上台执政的局势已形成，童子军教育在全国也开始走上统一化的道路，最后发展到几乎完全由国民党控制的地步，从中央到地方，逐级分权，其组织、训练活动及课程等方面都打上了国民党的印记。

童子军的异化阶段事实上可以分为两个时期，前期主要是通过一系列的措施，童子军渐渐为国民党当局所控制，异化为国民党统治的工具；后期，即在抗战时期，童子军的活动主要侧重于参与抗日战争。一直到日本法西斯宣布无条件投降之前，基本上其组织管理制度没有什么变化。

国民党对中国童子军加大控制力度导致中国童子军的异化。国民党对童子军的逐步控制，也就是童子军的异化过程，是通过从中央到地方逐层攫取领导权、步步加强控制的手段而最终完成的。早期童子军属于民办团体，中国早期童子军教育没有脱离世界童子军教育发展的潮流。"童子军教育为青年运动极好工具，而我国之童子军，系仿自欧美，徒具形式，实为帝国主义侵略之一工具，本党为求童子军训练之一致，力量之集中，与组织之统一起见，决议中央青年部组织。中国国民党童子军委员会直接统辖国民政府区域内之童子军。"① 出于对中国早期童子军发展缓慢、民办童子军组织纪律散漫、效率低下的不满和认为童子军教育是帝国主义列强对中国侵略的又一工具，国民党决定对中国童子军进行整顿改组。1926 年国民党开始控制童子军的组建，成立国民党童子军，至此中国童子军开始了中国化的进程。国民党决定将童子军教育交给政府青年部管理，从多个方面加强对童子军教育的掌控。

在随后的 1927 年 8 月，国民党教育部颁布了《党化教育之意义及其方案》文件。其中在所列的教育方针第五条中明确规定"各学校应增设军事训练"，认为中国民众外受列强的威逼欺凌，内受军阀和封建主义余孽的压迫。只有从儿童入手，鼓励尚武精神的培养，强化军事训练，才可以改变中

---

① 蒋晓星、孟国祥：《中国童子军问题研究》，载《学海》1993 年第 4 期。

国内忧外患的国情，提高国际地位。紧接着，各小学皆须成立童子军组织，中学及大学一律增加军事训练课程。这一文件的颁布，明确将童子军训练列入学校教育中，既是对前面提倡童子军教育的回应，也是为以后童子军形成全国统一之势作铺垫。

但由于国民党当时主要专注于打击吴佩孚、孙传芳、张作霖等北洋军阀余部，进行北伐的斗争，无暇顾及童子军教育，因此中国童子军事业这个时候也没有获得较大的进步。之后，国民党方面又成立中国国民党童子军司令部，并采取一揽子措施，渐渐统一童子军编制。

1928 年，南京国民政府成立后不久，国民党方面更加注重对中国童子军教育的统一化、政府化管理。中国国民党中央训练部部长一职由丁淮汾担任，在他的倡议下，1928 年，国民政府成立了中国国民党童子军司令部，直接归中央训练部管理，并任命张忠仁为中国国民党童子军司令。张忠仁是继严家麟以来在童子军教育发展过程中作出较大贡献的人。在他之前，童子军事业在中国已经发展了相当一段时间了，然而，各地方的童子军运动大多没有统一的、全国范围的指挥机构，缺乏领导核心，而且随着办理者个人的兴趣而变化，童子军纪律松散，意见不统一。张忠仁担任国民党童子军司令后，从全国童子军的组织化、制度化和标准化入手，核准颁布了各级机构的组织条例，并开始举办童子军团、服务员、童子军的三项登记，使全国童子军开始有了纵的组织系统。在童子军训练方面，厘定颁布了童子军的三级训练合格标准。另外，鉴于当时国内童子军学术研究风气不振，学术研究一片荒芜的情形，加上领导童子军事业的干部和教练多因循敷衍，很少肯在童子军学术研究上下功夫研究进修，张忠仁邀集了八位志同道合的朋友就此问题进行研究商讨。1929年12月18日，在张忠仁的倡导下，正式成立了"童子军学术研究会"，此会成为中国童子军事业的"催生素供应中心"，为中国童子军的发展提供理论研究指导。所有这些，都为童子军的统一做了充分的准备。

1928年5月31日，第142次中央党部常务会议通过了《中国国民党童子军总章》。按照《中国国民党童子军总章》的规定，国民党童子军的基本编制同国民党军队基本相同，省及其以下与前江苏省童子军编制相差无几。不同的是规定在军以上以中央执行委员会训练部名义委任司令一人，副司令一至二人管理童子军。中央执行委员会训练部在这时期实际上成为童子军最高领导机关。

1929年，依照张忠仁的建议，国民党中央把"中国国民党童子军"改为"中国童子军"，选任何应钦为司令。这一变动，实际上提高了童子军组织的政治地位，有利于童子军事业的发展。

1930年6月14日，中央训练部向国民党中常会提请改组国民党童子军司令部为中国童子军司令部，稍后中常会即议决将童子军行政最高机关定名为中国童子军司令部，主要负责指导各地成立理事会，办理童子军、服务员、团部三项登记，处理日常例行公文，解答有关童子军之各种咨询问题等。如果说中国国民党童子军司令部的成立是国民党在其所辖范围内对童子军的收编及取得领导权的过程的话，那中国童子军司令部的成立则是进一步对全国童子军收编和领导的过程。自此，童子军行政在国民党统治区渐臻统一。中国童子军司令部设司令一人，副司令二人，总参谋长一人。此部负责对外发号施令事宜，以司令及总参谋长名义发出。因为司令部组织规程尚未规定，所以司令部工作人员统一由筹备处工作人员兼任。自此，中国童子军归国民党管辖。中国童子军司令部成立后，视童子军教育为复兴民族之基本工作，并且扩大了童子军组织，积极整顿，进行各省童子军之总检阅，开展全国童子军大露营活动。但总体上来说，并没有收到长足之效。国民党有关人员也认识到了这一点，因此又提出组织中国童子军总会案，得到国民党中央第 16 次常会通过后遂组织筹备处。在筹备期间，中国童子军司令部所有事务由前中央训练部（后改组为中央民众运动指导委员会）办理。直到 1933 年 6 月 27 日，筹备处正式成立，负责办理筹备总会事宜。

▲1930 年，江苏南京，参加露营的童子军等待接受蒋介石的检阅。

按规定，中国童子军总会筹备处内分总务、训务、财务及工程四组，每组设组长一人，组之下设课，每课设总干事若干人，录事若干。它是筹备成立正式总会的机关，在总会成立前，还要负责维持原有童子军的发展，包括童子军的一切内部事务，如办理登记、指导各地童子军活动、编审课程、发行刊物等。

最后，中国童子军总会成立，完成了中央对童子军的掌控。1935 年 11 月 1 日，中国童子军总会正式成立，自此它成为领导全国童子军事业发展的最高机关。中国童子军以总会的名义对外，由全国理事会负责执行命令及办理一切事务。总会设正会长一人，副会长二人，由国民党中央执行委员会选任，以曾任国家最高职务者为限。会长仅是荣誉职，是中国童子军的最高荣誉领袖，并不负行政职责。实际执行政职务者是全国理事会，其理事由各省市童子军理事会就会中各选一人，教育部就会员中聘任十人充任，由理事中互选一人为理事长，互推常务理事四人，理事会内设秘书处，设主任秘书一人，秘书二人，并设训育、总务、组织和公用四科。各科设总干事、干事助理、干事等若干人。除特别事项外，理事会每六个月开会一次。常务理事会在理事会之下还设有中国童子军荣誉评判委员会，主持一切有关全国童子军荣誉之审查与评判。

异化后的中国童子军和欧美各国的童子军存在较大差异，主要体现在以下几个方面：

1. 政治方面。欧美各国童子军属于民间组织，不隶属于任何的政治党派或组织，政府只能对童子军进行方向性的指导而没有直接控制和指挥童子军的权力。而中国童子军从原本的民间组织逐渐变为国民党下属的组织之一，国民政府设立专门的机构统一指挥童子军。国民党设立"中国国民党童子军委员会"是中国童子军异化进程的开端。国民党下令，每一名初中生都要加入童子军，把童子军教育列为中等教育的必修课程。

2. 思想方面。西方童子军训练注重培养公民意识和个人性格，强调德智体的全面发展，增强童子军成员的荣誉感和纪律性，西方童子军教育的目的是帮助儿童的成长。而中国童子军的训练强调政治思想的方面，向童子军成员灌输忠党爱国的思想，把童子军异化成政治工具。国民党站在党和国家的立场上把中国童子军的发展纳入政府控制的领域内。蒋介石曾经说过的一句话充分体现了国民党治理童子军的主要方针政策："只有团体的自由，没有个人的自由。"①

国民政府不是将童子军看成松散的儿童组织，而是革命的预备队。

◎ 中国各地童子军发展的差异

一、四川地区

四川地区的童子军的发展过程和沿海地区的存在一些较大的区别。

首先，四川地区的童子军成立时间比沿海地区晚，没有经历过其他省份童子军所经历的自由发展阶段，而是在成立之初就直接受到国民政府的管辖。四川童子军在接受国民党的统一化管理后，迅速走上党化发展的轨道，被添加上了浓厚的党派政治色彩。

其次，四川地区的童子军的主要发展和发挥作用的时期是抗日战争时期。童子军教育被国民党当作强化国民训练的基础

---

① 蒋介石：《蒋主席训词》，载《申报》1930 年 4 月 19 日。

性工程，国民党高层认为中国正在面临国家可能被消灭、国民可能将沦为亡国奴的危险时刻，为了救国保种，就必须对各个公民进行武装、进行训练，而这一切就要从对儿童的训练开始抓起。国民党方面认为训练儿童的最佳方法就是发展童子军教育。运用儿童的力量加大战争胜利的概率在国外早有先例：德国曾派遣童子军在战场担任救护工作，法国曾派遣童子军搜寻制造武器的原材料，英国曾派遣童子军保护交通要道等。基于这样的认识，国民党希望童子军能分担部分战争的压力，为民族解放事业添砖加瓦。

▲重庆璧山的童子军演示急救法

抗日救亡是四川童子军活动的主旋律，故此参与战时服务就成为四川童子军的主要活动内容。四川童子军多次参与救护战场伤兵、救助流亡难民、运输军需物资的活动，在抗日战争中发挥了重要作用。

二、江苏地区

江苏地区童子军的起源可以追溯到 1913 年，当时江苏省的上海格致公学校长康普发起并召集了童子军教育会议，很快在上海建立起童子军。随后无锡的江苏省立第三师范附属小学也办起了童子军团，并由该校体育教师顾拯来担任教练员。此为江苏省童子军创建之始。后来，顾拯来又在福建集美学校办起了中国第一个海上童子军团，简称"海童军"，只是后来没有发展。1929 年春，江苏省会移至镇江。此时国民党省党部内设有一名童子军指导员，由徐国治担任，负责指导江苏全省的童子军组织发展工作，为发展各县童子军教育组织培养教练人员。

抗战爆发后，江苏省童子军理事会发动全省童子军每人至少捐一角钱以"江苏童子军号"名义捐一架飞机。同时组织各地童子军参加战地服务团支援抗战。这一时期最著名的人物

▲ 杨惠敏冒死向坚守四行仓库抗战的 88 师 262 旅 524 团谢晋元孤军敬献中华民国国旗前的留影

是镇江人杨惠敏，一个年仅 15 岁的女青年，她竟然独自趟过苏州河向坚守上海四行仓库的"八百壮士"献旗，使上海人为之振奋。她的义举一夜之间传遍全国。

三、京津地区

童子军教育是民国时期京津地区教育史上重要的一部分，曾在许多方面发挥了作用，并有良好的表现，在社会上产生了一定反响，对当今社会及青少年教育也有很大启示。就全国范围来讲，京津地区童子军教育在各时期的发展并非十分突出，尤其是与南方沿海省市相比，其规模水平等皆有很大差距，但就华北地区而言，其成绩位居前列。

京津地区童子军教育因 20 世纪初国内军国民教育思潮的兴起以及教会教育的发展而产生，受南方城市童军教育运动的影响而启动，开展较早。相对自由的发展时期（1914—1927年），京津地区童子军教育组织大都是在当地教育部门和民间团体倡导下，以中小学为主体，由自主、自愿加入的热心人士组织成立。政府教育部门虽采取了一些措施谋求统一发展，但发挥作用有限，然而开展的活动及产生的社会影响令人瞩目。在快速异化发展时期（1928—1937年），国民党控制了童子军的领导权并对童子军施以全方面"党化""三民主义化"改造。京津地区的童子军教育在当地相关机构领导下，制定了一系列相关宗旨和制度，建立起严密的组织系统，并开展了一些社会实践活动，产生了较大影响。京津童子军组织训练的制度化、标准化，训练目的的明确化，课程内容的统一化、标准化也在这一时期基本确定下来。抗日战争时期，平津沦陷，一些学校南迁，童子军教育运动陷入低潮。

不可否认，民国时期京津地区童子军教育取得了一定成绩，并在许多层面产生过积极影响。首先，政府部门的介入，

▲1938年4月，北京西苑收容所，被日军俘虏的中国童子军。

教育团体的倡导，热心人士的奔走，使得京津童子军突破了教会教育的范畴，开始本土化发展，逐渐成为我国北方重要的童子军教育基地。国民党对童子军的控制使京津地区童子军教育纳入政府发展轨道，由民间社会团体到党政机关管辖，从而改变了以前各自为政、互不统属、理念分歧的状况，有利于加强管理与合作，并且其部分教育纲领将西方童子军教育的基本原则和中国传统文化中某些优良品质相结合，在教育理念、教育制度、学校管理等方面进行了积极探索，对童子军的介绍与研究较以前更加全面精深。其次，童子军教育本身的迅速发展及许多举措使京津地区儿童的德、智、体在一定程度上得到了提高，一些实践活动服务了国家和社会，也提高了童子军自身的能力，培养了其爱国尚武的民族精神和服务社会的品质。最后，童子军教育在京津地区的传入及发展，符合时代的要求，对传统教育思想有较大冲击，促进了中国教育向现代化的转变，其中部分教育理念和教育方法，对我们今天教育事业的改革和发展仍有比照价值和借鉴功用。由于种种因素，民国时期京津地区童子军教育开展过程中出现了许多问题，课程训练也并没有想象中那么理想。这很大程度上是因为民国时期历届政府许多教育政策在制定和实施上违背了教育的本意和初衷，在政治、经济、文化诸多方面没有给予教育安全、充分、和谐、健康发展的条件，而后者是最主要因素。在当时大部分公民许多基本权利都得不到保障的情况下，童子军教育发展的命运可想而知，京津地区童子军教育可谓整个民国时期教育发展状况的一个缩影，其发展历程和不足之处值得我们思考。

◎ 童子军在淞沪抗战中发挥的重要作用

淞沪抗战是爆发在日本法西斯开始局部侵华后尚未全面侵华时期的中日交战。日本侵占中国东北三省后采取"以华治华"的战略方针，欲扶持傀儡溥仪成立伪满洲国。为了掩人耳目和转移中国爱国人士反抗的关注焦点，日本关东军派遣间谍和武官在上海制造事端，挑起"一·二八"事变。淞沪会战爆发后上海人民发出抗争的怒号，汇集成反抗日本借故侵略的阵营。在抗日救亡的阵营里出现了装束和普通的中国军队不同而贡献卓著的由儿童组成的抗战团体，那就是童子军。参与淞沪抗战的童子军团体主要是上海市商会社会童子军团和上海市童子军理事会战地服务团。

上海市商会社会童子军团又称"五十团"，以单独组织的形式参与战时服务。五十团的成员在淞沪会战爆发后被迅速召集起来，在上海红十字会的指挥下参与抢救战区难民的工作。

▲1932 年，"一·二八"事变爆发，图为日本军队进攻上海期间，
上海的童子军在战场上救护伤员。

在日军的炮火下坚持战时服务工作：运输军需物资、救护受伤
的士兵、抢救在战争中受伤的人。

◎ 中国童子军运动的结束

　　总之，中国童子军和儿童团在抗日战争中发挥了不可忽略
的作用。众多童子军组成抗日服务团，勇敢地参加对日作战，
负担起运输、救护、慰问、募捐等工作。在此期间诞生了一批
抗日儿童小英雄。

　　抗日战争结束后，国民党疲于应付共产党，对童子军的控
制松动了，各省的童子军理事会由原本的国民政府中央统一领
导改成省政府自行领导，中国童子军运动自此渐露颓势。解放
战争结束后，国民党溃逃到台湾，新中国的五星红旗在神州大
地飘扬着，童子军团体也随着国民党的溃逃而从中国大陆
撤离。

▲1939 年，广东郁南都城镇，在收听无线电的童子军。

▲1940 年童子军演习抬担架救护伤病员

抗战小英雄

在烽火连天的抗战岁月里，全国广大少年儿童为抗战胜利作出了不可磨灭的贡献，出现了许多可歌可泣的英勇斗争事迹。那一个个周旋在日伪魔掌甚至倒在血泊中的少年英雄，与战场上前仆后继的革命先烈一起，用稚嫩的肩膀扛起民族救亡的重担，用一颗赤诚的心诠释了什么是血染的风采。那高高飘扬的五星红旗，那屹立不倒的丰碑，是我们前进的力量，我们不会忘记，历史不会忘记。

◎ 王二小

提起抗日少年英雄王二小，家喻户晓，无人不知。

王二小，1929 年生于河北省涞源县上庄村。抗日战争时期，王二小的家乡是八路军抗日根据地，经常受到日本鬼子的"扫荡"，爹被日本鬼子害死了，哥哥被日本鬼子逼得逃跑了，下落不明，妈妈又被活活饿死了。父母去世以后，他成了孤儿。二小的心里对日本鬼子充满了仇恨。他耳闻目睹很多日本鬼子侵略祖国和扫荡家乡的累累罪行，埋下了给父母和乡亲们报仇雪恨的种子。

一次，日本鬼子的中队长佐佐木带着一个小队日本鬼子和

▲王二小雕塑

▲王二小纪念碑

一排伪军来袭击狼牙口村。佐佐木一伙来到狼牙口村，却发现村里一个人也没有，圈里猪也没有，村子里静悄悄的。佐佐木发火了，问道："八路的没有……老百姓、牲口……统统的哪里去了？"翻译官报告说："老百姓都跑了，牲口、粮食全藏起来了。"佐佐木举起战刀，下令："搜！给我搜！"

日本鬼子到山沟里搜，也不见人影。过了一会儿，伪军排长来报告："太君，烨树沟里发现了几十个老百姓！"佐佐木的小眼睛一转，大叫道："把他们……统统地……包围起来！"

群众被包围了起来，山头上架起了机枪。鬼子中队长佐佐木站在岩坡上开始训话了，叽里呱啦不知说的什么。翻译官说："太君说了，你们不要怕，只要说出八路军在哪儿，粮食、弹药藏在哪儿，就没事儿。"没有一个人说话，山谷里静静的。佐佐木气得脸像猪肝，大声吼道："快说！再不说……统统的……死啦死啦的……"半天，还是没人说话。佐佐木冲下岩石坡，一把抓住了农会主席高林山吼道："八路军在哪儿……粮食藏在哪儿？"高林山不慌不忙地说："俺是个老百姓，俺不知道。"翻译官帮腔说："快说吧！不然劈了你！"佐佐木气急了，举起军刀就要劈过去。"我知道！"就在这紧急的时刻，王二小挺身站了出来。他想，高大伯是农会主席，是他经常关心着村子里老百姓的安危，是他们一家无微不至地关心自己，他不能死啊！佐佐木收起了军刀，向二小问道："你的小孩……你的……怎么知道？"二小沉着地说："我天天在山上放牛，我怎么不知道！"佐佐木狡猾地说："你的……小孩……不骗人，骗人死啦死啦的。"

在鬼子威逼下，王二小只好走在前面带路。两个伪军在后面紧跟着他。王二小东走西转，把鬼子兵领进了深山沟。远远地看见前面有一个山洞，王二小急中生智指着洞口说："太君！

你看，就是那个洞！八路军的伤员、粮食就藏在那儿！"佐佐木两个小眼珠滴溜溜转，逼着二小："你先……进山洞……"

二小急忙钻进了山洞。鬼子们慢吞吞地跟着。山洞里的路二小很熟，他像一只小兔子，连走带蹦，把鬼子落在后面。左拐右拐，二小来到一个叫猫儿洞的地方，把身子缩成一条鳊鱼似的钻了过去，气得佐佐木直跳，骂道："中国小孩……狡猾狡猾地……"说着，掏出手枪朝洞里开了几枪。二小早就钻出洞，飞也似地跑到烨树沟，大声对高主任和乡亲们喊道："赶紧钻到洞子里，鬼子要来了！"乡亲们安全转移，八路军骑兵连把鬼子和伪军包围起来。乡亲们把二小围了起来，高林山抱起了二小，大家都夸二小机智勇敢。高主任说："孩子，是你救了俺，救了乡亲们！"村妇救会曹主任也搂着二小说："是你用调虎离山计救了乡亲们，多聪明的一个孩子！只想着大伙儿，就没想到自己的危险。"

1942 年 10 月 25 日，这一天，太阳快要落山了，二小甩着鞭子赶着牛要回家了。忽然呼隆一声响，二小一看，是鬼子兵踩响了南河滩上的石雷。鬼子要去附近的狼牙口村，那里藏着粮食、枪支和弹药，还有八路军的伤员。走着走着，一座山挡住了鬼子的去路。鬼子中队长高崎用望远镜看了半天，也闹不清前边的路应该怎么走，他们面前有三条路，走哪一条呢？中队长高崎急得直冒汗，把大个子军曹喊来命令说："这里有三条路，你去看看定哪一条？"鬼子们停下来，有的去河边洗手、洗脸，有的去喝水。高崎发火了："不准洗手洗脸，快归队准备迎战。"大个子军曹跑回来向高崎报告："中队长！路不好找，在那边山上有一个小孩。"高崎心头一喜，大声喊道："快抓来！"二小被军曹拽着来到高崎面前。高崎问道："小孩！你的……什么的干活？"

二小理直气壮地答道："俺是放牛的！"高崎又问道："小孩……八路的……在哪里？"二小面不改色地说："俺不知道。"说完就要走。高崎一把抓住他皮笑肉不笑地说："你的……不要怕。说出来……八路在哪儿……给你金票大大地。"二小冷眼怒视着敌人，半天不言语，军曹上来吼道："小孩……不说……死啦死啦的！"二小一看，不给带路不行了。灵机一动心想，也好，俺们的队伍在崖口两边的山头上埋伏着呢，我路又熟，把鬼子带进埋伏圈……想到这儿，二小假装害怕的样子说："太君！俺想起来了，晌午的时候，有不少八路军开到南马庄去啦！"因为去南马庄正好路过埋伏圈。恶狠狠的军曹举起拳头，两个小眼珠滴溜溜转，吓唬二小："小孩你不要撒谎！"二小故意生气地说："反正俺看见了，信不信由你！"高崎看天快黑了，急着说："小孩，你的……带路！"二小不慌不忙地领着日本鬼子兵在沙滩地上向西走去。河滩上有好多大大小小的石头。几个鬼子踩在石头上，都摔倒在地上，哇啦哇啦叫道："小孩，你带的什么路？死啦死啦的……"二小撅着嘴也大声喊道："这圪垯就是这号路！"二小领着鬼子兵绕过河滩向南走去。河的东面是石岭子山，西边是香炉山。两座山都有几十丈高，在这两座山岭上埋伏着我们的骑兵连，一排在西边香炉山上，二排在东边石岭子山上。鬼子兵大摇大摆地走进了山沟。这时，石岭子山上的八路军骑兵连的战士开了枪，子弹嗖嗖地射向敌人，七八个鬼子应声倒地，还不知道自己是怎么死的。鬼子见左边有八路，又朝石岭子崖下躲避，被右边香炉山上的八路军正好打个正着。鬼子兵成堆地倒下，鬼哭狼嚎地叫了起来。鬼子兵朝两边山上开枪，可是射程打不到，白费子弹，一个高个子鬼子兵朝崖上扔手榴弹，可是，手榴弹碰到崖边又呼啦啦掉了下来，在鬼子堆里爆炸了。鬼子中队长高崎气急败坏，连叫"上当，上当"。他一眼看见，王二小这时飞快地向西跑去，便拼命地追了上去。他掏出手枪朝二小射了过去，二小背中枪弹倒在南河滩上。军曹也跑了过来，气急败坏地用刺刀猛刺二小的胸膛，又把二小用枪尖高高地挑起来，摔在大石头上，他的鲜血染红了大石头。小英雄王二小才刚刚13岁，就惨死在敌人的屠刀下！正在这时候，八路军从山上冲下来，消灭了全部敌人。

王二小牺牲后，当地军民眼含热泪把他埋葬在刘家庄的山坡上。当时任涞源县青救会干部张士奎同志得到这个消息，马上报道给了边区青救会，《晋察冀日报》在第一版发表了这条消息。词作家方冰、曲作家劫夫根据这篇报道，立即创作了歌曲《歌唱二小放牛郎》。这首歌曲一直传唱至今，感染了无数青少年，传遍了大江南北。

◎ 周银海

▲绘画作品中的周银海形象

江苏省靖江市侯河乡下辖有个村名为幸福村。

正是在这幸福村里诞生了一位伟大的少年抗战英雄，他的名字叫作周银海！

周银海，1933 年生，江苏靖江侯河乡幸福村人。家境贫困，主要靠父母种地主的租田糊口，生活朝不保夕。幼小的周银海不得不帮大人干活，有时挖点野菜充饥。1940 年，新四军东进，周银海的家乡获得解放，从而使他有机会入学读书，接受革命教育。1943 年，乡里成立农抗会和儿童团，周银海高兴地报了名，成为一名儿童团员。从此，他白天上课，晚上到村头、路口站岗放哨，每次都能出色地完成任务。

一天傍晚，周银海扛着红缨枪在路口站岗，村外来了一人。此人身穿长袍，头戴礼帽，腋下夹着一只小布包，像是教书先生。周银海想："怎么从来没有见过这个人？"于是便举起红缨枪，拦住来人要路条。那人见此情况，连忙掏出路条给周银海看。这时，乡农抗会吴会长正好路过此地，一看来人是县委的陈部长，两人不禁哈哈大笑。陈部长见周银海办事认真，表扬了他，并鼓励他好好学习，跟共产党干一辈子革命。从此，周银海在儿童团干得更出色了，不久便当上了儿童团团长。此后，他经常带领儿童团员在村里唱歌、上操，在路口站岗、放哨，还多次配合民兵破路拆桥，常常受到区乡干部和村民的赞扬。

◎ 李爱民

翻开中国地形图，可以看到太行山端居中原腹地，那里山河相见，沟壑纵横，联结黄土高原和华北平原，是重要的抗日据点。我们的小英雄李爱民就在 1930 年出生于这脉山地的武乡县白家庄中，或许，也正是这片土地给了他坚强不屈的可贵精神。

▲连环画中李爱民的形象

1943 年，日军在国共两党的合力打击下虽然兵败如山倒，但仍负隅顽抗，挺进太行山，陷当地人民于水深火热之中。这年李爱民仅 13 岁，然而从小目睹了日军残暴行径的他早已埋下了爱国的种子和对日军的痛恨。

智送鸡毛信

风吹过草地，儿童团长李爱民带着草帽，微微仰起了头望着碧蓝的天空，露出了不符年龄的思索的神情，或许战争能让人更快速地成长，未及弱冠之年的李爱民如今已经能够为八路军提供力所能及的帮助。希望战争能快些结束，李爱民嚼着草根，远远眺望到一个黑点由远及近。

李爱民凝神望去，是钟营长。钟营长穿着一身打着补丁的破旧军衣急匆匆地跑了过来，见到李爱民后大声道："爱民，你过来一下。"

李爱民见到钟营长神色匆匆，知道一定有重要的事，连忙跑过去，笑着问道："钟营长，咋了？鬼子不会又来了吧？"

钟营长长满老茧的大手"啪"地打在李爱民的后脑勺上，笑骂道："你小崽子狗嘴里吐不出象牙，要鬼子真回来了有你好哭的。"

李爱民笑嘻嘻地说道："来多少，俺把多少打回去。"

钟营长骂道："尽吹牛。"而后正了正色道："不与你瞎扯了，我有任务给你。"

李爱民挺了挺胸，道："尽管交给俺，一定完成任务。"

钟营长从衣服中摸出一封鸡毛信，说道："你马上闯过敌人的封锁线，把这封信交给东沟的民兵。"

李爱民愣了愣，要知道，鸡毛信可不是普通的信件，里面的情报往往能关系到一场战争的成败，在那个年代可谓极其重要。而钟营长居然把这样重要的任务交到了自己的手上。

李爱民抬头看见钟营长鼓励的眼神，严肃地接过了信件，敬了个军礼，大声道："保证完成任务。"

钟营长点了点头，挥手道："快去快回，一定注意安全。"

李爱民向钟营长应了一声，手脚麻利地把鸡毛信藏在袜子里，而后扶了扶头上的草帽，提上镰刀，赶来一头干瘪的毛驴，装作割草的样子快步朝东沟走去。

一路上李爱民装作一副神色悠闲的样子，眼神则是警惕的左右四顾，见有人来便弯腰做出割草的动作，俨然真是一个正在务农的山里孩子。见到周围没人就放开脚步一路小跑，不时间娴熟地拐入乡间的小道等没人的地方快速前进。淌过了小河沟，翻过几道山冈，李爱民很快来到了敌人的封锁区。

在封锁区内没走多久，李爱民便走到了一个三岔路口，他犹疑地看着三条路，正要回忆去东沟的路线，抬头间却瞥到右前方的土坎上两个鬼子正恶狠狠地看着他，嘴里叽里呱啦的不知道正说些什么话。李爱民心中一惊，被鬼子发现了，这时候如果躲开鬼子一定会生疑心，那任务可就失败了。他四下望了望，见到不远处正有一摊驴粪，李爱民灵机一动，走到那驴粪前奋力踢了几脚，烂泥般的驴粪顿时溅得李爱民满身都是。他顾不得扑鼻的恶臭，大摇大摆地走到草丛中装作要割草的样子。

那两名鬼子大步跑到李爱民跟前，一名留着小胡子，装扮像是日本军官的鬼子一把揪起爱民，吼道："八嘎呀路，你地，举起手来。"

李爱民装作一副傻愣愣的样子，呆呆的楞由那鬼子摆弄。鬼子见状，骂道："八嘎，你地八路的探子，给我抓起来。"而后伸手抓向李爱民。

李爱民连忙缩了缩身子，装作惊慌失措的样子瘫倒在地上，连连摆手道："俺……俺是放驴的……"

鬼子扑到李爱民身上，将他浑身上下搜了个遍也没搜出东西，反而被恶臭熏的连连退了两步，恶狠狠地说道："马上滚开，这里不许放驴。"而后重重地一脚踢在李爱民身上，将瘦小的李爱民踢了个跟头。李爱民连忙爬起身来，装作慌乱的样子，强忍着身上的疼痛赶着驴向一边走去。

见到两个鬼子没再注意自己，李爱民连忙拐到了一条通往东沟的路中，加快脚步终于赶到了东沟，将鸡毛信送到了东沟民兵的手中。在李爱民的情报帮助下，东沟民兵在第二天顺利的配合八路军打下了鬼子的据点，保护了根据地的粮食，给了鬼子沉重的一击。

月夜领八路

这一夜，皎月悬挂在黑魆魆的天幕中，爱民像往常一样睡下了，突然有人敲门。爱民开门一看，是一位八路军叔叔。爱民激动得睡意全无。八路军叔叔进到屋里坐在炕上对爱民说："麦子熟了，我们要到韩家沟掩护老乡收麦，想请一位民兵带路。"爱民一听，说道："我是儿童团长，生长在这片土地，熟识这一带的土路小径，我给你们带路吧！"那位八路军叔叔迟疑了一下："好，就你带路吧！"爱民似乎看出八路军叔叔还有点担忧，又说："这一带的路我熟，叔叔放心吧！"于是爱民随着八路军叔叔来到村头见了首长，抬头一看：这不是钟营长吗！爱民跑过去，亲热地对钟营长介绍自己，说："钟营长，我叫李爱民！"钟营长迟疑了一会。爱民又说："您不认识我了？前年我还给您送过鸡毛信呢！"钟营长笑了笑，摸摸爱民的脑袋说："对，想起来了，你就是那个'活地图'，太好了！"

太行山麓多是崎岖的小路，或是根本就没有路，然而爱民却领着八路军一会儿下到沟里，一会儿爬上山头，却没有一点儿生疏的模样。虽然爱民的两只脚被石子扎破了，腿也被草棵子刺破了两道口子，可他全然不顾，因为爱国热情在他内心燃烧，肌肤之痛不足为惧。就这样爱民领着八路军翻过了几个山头，眼看月已黯然，天渐渐的放出光亮的时候，韩家沟正在抢收麦子的老乡也映入眼帘了。钟营长擦了擦脸上的汗，亲切地拍拍爱民的肩膀想要说话。可爱民抢先说："钟营长，甭谢！俺也是八路军，俺是儿童团长呢！"

爱民看到拂晓的曙光就像看到抗战的胜利，虽然累了一整晚，但他还是坚持到麦地里帮忙收割。爱民的小手擎起弯弯的镰刀——他躬下身子，左手把住麦秆，右手持镰刀伸进麦秆底部，一拉，便收了一撮。爱民的汗水从额头滑到脸颊，滴落在麦垛上，土地上，还有他那小小的胸膛上。爱民终究还是累了，他气喘吁吁地瘫坐在田埂上，他想：日本鬼子有自己的家，有自己的土地，为什么还要不远万里地跑来中国奴役我们？难道中国人就是好欺负的吗？哼！这样一想，爱民便来了气，他又拿起镰刀快速地投入割麦子的阵营——日本鬼子就是麦子，我一定割除你们的野心！

太阳西沉，夜空中的星月渐渐明朗，此时的麦子已经收割完毕，垛了好几块地方。爱民倚靠在麦垛上无力地喊："赢咯！日本鬼子全军覆没！"

英勇就义

同年，李爱民的家乡白家庄在鬼子的凶狠进攻下被占领了，全村百姓都在八路军的领导下转移到了东沟。

又是一个秋收的时节，为了得到赖以生存的粮食和鬼子继续抗战，村里的百姓在夜里摸着黑回到了白家庄，打算趁着鬼子不注意割走村民辛苦耕种的麦子。这是在鬼子眼皮底下抢粮草啊！

暗夜中闪烁着鬼子营地传来的点点灯光，村民们在黑暗中拿着镰刀悄然割着麦子。直到东方渐渐泛起红晕，村民们才背上收割到的麦子有序地朝东沟移动。

李爱民背着一口袋的麦穗，远远地走在了村民们的前面，他知道，如果大家走在一起，一旦被鬼子发现就会全军覆没，所以在大人们没有察觉的时候就独自走在前面，好在有情况的时候给后面的村民们报信，让他们能够迅速转移。

没过多久，眼看李爱民等人即将走出敌占区。就在这时，右面的山上忽然起了一声枪响，而后几个鬼子从路边钻了出来，将李爱民拦下。

李爱民连忙用咳嗽声提醒后面的村民有情况，然而正是这样的举动让鬼子察觉了他的异常。鬼子在判断出李爱民是白家庄的人后威逼利诱打算探查出他来的目的和村民的隐藏地点。然而，我们的英雄李爱民在个人安危和同伴的安全中毫不犹豫地选择了后者，誓死不开口，最终在日本鬼子的残害下壮烈牺牲了。此时的他，年仅 13 岁。

◎ 温三郁

▲晋察冀边区第二届群英会上三个小英雄：张玉芬（左）、牛中才（中）、温三郁（右）

在中国革命博物馆《中国共产党党史展览》专栏开头，有毛泽东同志为民族小英雄温三郁的题词：儿童们团结起来学习做新中国的新主人。旁边是关于温三郁的事迹介绍，图文并茂，生动感人。1945 年 11 月，晋察冀边区政府召开第二届群英大会。聂荣臻司令员亲手给温三郁戴上银质英模纪念章，夸他 13 岁就不怕牺牲，是中华民族的好后生。温三郁的事迹在当时的晋察冀边区广为流传。

温三郁，男，1931 年生，河北省武强县人，1943 年因坚决不泄露抗战机密而身负重伤。负伤后，在我冀中八分区群众大会上，被授予"气节模范第一名"的光荣称号。温三郁的爸爸是农村小学教员，经常给他讲抗日爱国的革命故事。他的大哥是抗日区小队的司务长，经常宣传控诉日寇到处杀人放火的滔天罪行。温三郁心里清楚：日本鬼子是我们中华民族的死敌，不赶走他们，我们就永远没有好日子过！因此，他最痛恨那些到处实行烧光、杀光、抢光"三光政策"的日本狗强盗！1943 年正月十一的早晨，区小队有人到村边去提水，发现了敌情，马上回村报告说："不好了！武强县城里的鬼子又出动了，好像已经包围了我们村。大家赶快藏起来！"三郁的爸爸感到情况很严重，立即跟着三郁大哥的一个班，钻进了地道，留下小三郁一人在外面应付日本人。鬼子怀疑他们家有地道，就逼问小三郁，要他说出地道所在，但小三郁宁死不屈就是不说，鬼子气急败坏，开始用刀捅小三郁，并且问一会儿捅一刀。后来鬼子可能觉得小三郁真的不知道地道在哪儿，就放过了他，自己去找地道了，结果找到了地道，十几名八路有四名冲出地道被鬼子打死了，其他的被日本人抓起来了，其中包括小三郁的父亲和大哥，这些人被抓后就再无音信。鬼子找到地道后认为小三郁不诚实，砍了小三郁一刀，砍伤了头和五根手指。

自古英雄出少年。抗日战争时期，中华民族涌现出了无数少年英雄。在民族危亡的时刻，他们跟父辈一起，用自己稚嫩的肩膀担起了沉重的抗争。他们的传奇事迹经过艺术家们的演绎，成了经典的歌曲、小说、电影，几十年来被人们传颂，经久不衰。他们用鲜血换来了我们今天的幸福生活，英雄的事迹我们将永远铭记心中，将他们伟大的精神继承并发扬！

◎ 大兴和小武

▲银幕上的大兴和小武形象

凌晨，晨风轻轻地吹拂，带来阵阵的凉意，高高低低的灌木丛掩映着曲曲折折的山路，几只早起觅食的小山雀摆动着长长的黄尾巴，睡眼惺忪地在枝头张望。

"哎呀，大兴，你走慢一点啊，小心你的那条伤腿。""没事的，小武，我能行的，别担心啦，我要再多练习一会儿。"几个身影渐行渐近。

近了，更加近了，现在已经可以清晰地看见那是一高一矮的两个少年和刘集的木匠老靳头。狭窄的山路布满了青苔，滑滑溜溜的，坎坎坷坷的，被扶着肩膀的大兴倔强地忍住腿上的痛楚，努力减轻小武的负担。

"唉！你们这两个小家伙，部队叫你们留下来就好好休息，一大早来复什么健？"一路紧跟在后面的老靳叔急得不停地唠唠叨叨。

故事啊还得从几天前说起，原来八路军独立3团紧急转来一个小战士，名叫孙大兴，他在一次完成组织上交给的任务时，不幸被鬼子打伤了腿，聪明的他用手榴弹炸死了那两个鬼子，还缴获了一把三八大盖枪，立了大功。

部队奉命紧急转移时，由于大兴腿伤未复原，组织特意安排小卫生员武建华陪他一起留下，藏在地下党员老靳和老刘家。一边叫大兴养伤，一边在地下党的帮助下继续斗争。于是刘集一带，老木匠靳锡武多了个急性子的小学徒大兴，刘集刘大爷也多了个远方来投奔自己的、白净内向的小外孙小武子。

养伤的这些日子真的是如同流水，一转眼大半个月过去了，这段时间老靳和刘大爷他们可没少担心。这可是敌占区啊！伪军、汉奸到处乱窜，说不准什么时候就出了事。眼下看着大兴的伤也好得八九不离十了，可是，天有不测风云，不知是谁走漏了风声，刘集一带藏有小八路一事还是被传出去了，首长交代的事可还没有完成呢。眼看日伪军们成天强拉民夫，到处征粮抢粮，又吆五喝六地到处搜索着要抓小八路，刘集的老乡们可遭了罪了。

这一天，刘集的伪军突然开走了，狗腿子们在"大金牙"队长的带领下，一个不剩撤得光光的。大伙儿正高兴呢，一支日军队伍莫名其妙地连夜来到刘集驻扎下来，也不知有多少人和装备。第二天就设立关卡，对进出刘集的人严加盘查，盖着绿布的军车整天进进出出。鬼子的葫芦里这倒是卖的什么药呢？

老靳叔和刘大爷赶紧召集地下党员开了个碰头会。"不行，得赶紧与情报站取得联系。”第二天，老靳叔带着大兴和小武，撇着柴刀，挑着一担儿木具，揣着良民证，来到集市上叫卖。

“卖木货呢，木梳，木铲，木菜板！”“快来买啰！各种木制品啊，又结实又好看呢！”他们一路走一路喊，东一绕，西一拐，来到了一家小吃店门口。

“喂，卖木货的，有上好的木菜板吗?”“有，有，松木的呢。”“来两块吧。”老板递来一卷钞票。“谢谢，谢谢。”老靳叔赶紧收了起来。三人来到僻静处，老靳叔小心地打开钞票，原来里面还有一张小纸条。他飞快地看完并重新收了起来。“老靳叔，饭店给的什么呀?”大兴问。“嘘，情报呢。”

可是鬼子盘查很紧，他们怎么才能把情报送出去呢?“买瓶酒去。”老靳叔急中生智，他把钞票塞给了大兴，大大地喝了一口酒，又故意往身上洒了些。然后一个人在前面晃晃悠悠往关卡外冲，不服盘查，也不交良民证，几个鬼子气坏啦，抓住老靳叔就打了起来，大兴和小武乘乱赶紧混入人群溜过了关卡。可是，小武动作慢了点，还是被一个汉奸发现了。

“太君，有人逃跑了！可能是土八路。”

“八嘎呀路，抓住他，抓活的！抓住土八路！”鬼子叫喊着。

大兴拉着小武的手飞快地跑进了草丛中，聪明的他尽捡小路飞跑，后面的鬼子紧追不舍……

这时，他俩来到一个小山坡，大兴把情报塞给小武并把他推进树丛中，自己故意朝开阔地奔去。

“太君，小八路在那呢！”“八嘎！站住！”“抓活的！”鬼子吆喝着追去。小武含着眼泪看着鬼子去追赶大兴，真恨不得跳出来和他们拼了，可一想到情报，他又伏了下来。眼看鬼子们跑远了，他赶紧带上情报，向我八路军独立3团的驻地奔去。

气急败坏的鬼子把大兴围在了一大片玉米地里，他们怕中埋伏不敢往里闯，可恶的他们竟点燃了玉米秆。秋日的秸秆点火就着，很快眼前便是一片火海，山风呼呼地吹，火苗像毒蛇一般吞噬了一片又一片土地，鬼子和汉奸在火海外狰狞地狂笑……

很快，独立3团得到了小武送来的情报，原来鬼子是从叛徒处获得了我军的驻扎地址，故意派小股敌人来刘集驻扎，想要诱敌入瓮，好全歼我大部队。

"好歹毒的计谋！"兵贵神速，独立3团将计就计，马上行动起来，星夜兼程，趁敌人伏击圈未稳，用口袋战术各个击破，神不知鬼不觉地端掉了日军和伪军的几个伏击点，并一路乘胜追击。鬼子遭到了毁灭性地打击，我军打了个漂亮的大胜仗！

几天后……

"大家快出来，看谁回来了。"排长高兴地告诉大家。"哇，是大兴！""大兴没有死，大兴没有死。"小武冲上去一把抱住大兴，又是哭又是笑，不知怎么办才好。大家也都围上来问长问短，都替他高兴。

你知道这是怎么回事吗？原来啊，聪明的大兴临危不惧，他观察了风向后，把中间的玉米秆砍倒了一大片，他以空地作为隔离带，用柴刀飞快地挖出一个土坑，自己躺了进去。忍受着滚滚热浪和烟尘，硬是不叫不喊，坚强地挺着，直到昏迷过去……

大火渐渐熄灭，狡猾的鬼子奸笑着离开了。清凉的夜风，心疼地拂过这片烧焦了的光秃秃的土地。刘大爷见大兴他们都还没有回家，预感到他们出事了，才闻讯赶来。

他流着眼泪，拼命地用双手四处扒拉着烧焦的、卷曲的秸秆，到处寻找孩子们的身影，一直到深夜。

"大兴……小武……"山风呜呜咽咽地传送着老人的声音，一遍又一遍，终于惊醒了昏迷中的大兴……

这一战，鬼子遭到我军狠狠的打击，独立3团在中华民族抗日历史上留下了瑰丽的一笔。大兴和小武的英雄故事也很快被口耳相传，永远地铭刻在了中华儿女的心间！

◎ 张延春

这是一个发生在河北省邢台威海的抗日故事。虽然已经过去了很久，但是至今为止，在这片广袤的热土地上，徐徐的清风仍然还吟唱着那个腼腼腆腆却又机智过人的抗日小少年的感人故事……

他，叫作张延春。

那是1939年中的一个寒冷的凌晨，刚刚年满11岁的流浪孤儿张延春又冷又饿，昏倒在冷硬的土路边。威海抗日政府的首长同志第一个发现了他，马上脱下厚实的棉袄温暖了他，又把他抱回工作院。此后，威海抗日政府收养了这个可怜的孩子。

这一天，他正一大早帮老乡王大娘往水缸中挑水，往小院中送柴火呢，通讯员小米急匆匆地赶来通知他去见首长。跨进威海抗日政府区机关院落，来到首长办公大桌前，他有几分忸怩地说了声："首长好。"首长和气地笑了笑，又变得严肃了。他站起来，抚摸着小延春那一头短而蓬松的黑发，交给小延春一个紧包好的小纸卷，说："延春啊，想办法把这份急件送出去吧，这可是绝密急件啊，事关前线战士的性命，关键时刻，宁可丢了自己的命也不可弄丢了这小小的信件啊！"

"首长请放心，我早就盼着这一天了。人在信在，保证完成任务！"一听首长说到自己终于可以为革命出力了，小延春可开心啦。他学着记忆中战士们的样子，行了个不太标准的军礼，摸摸衣兜中那小半根红薯，就连蹦带跳地飞快出发了。似乎生怕面前这和蔼的大首长会突然反悔了，又不让他去执行任务了一般。

邢台的原野，无边无垠，一望空阔，举头四望，晴空又高又蓝，偶尔有些许云彩静静地悬浮。脚下四处可见的全是饱经战火摧残的土地。稀稀落落的田地中，仍有零零散散的庄稼在倔强地生长。可惜都刚刚抽苗不久，无遮无掩的。小延春一边这么想着一边飞快地奔跑起来。早听附近的老乡们说过，狡猾的鬼子在不少的路口都已经事先设下了关卡或埋伏。小延春只好尽量一路弯下腰，沿着那时有时无、低低浅浅的"抗战沟"一边细心地观察着向前飞奔。没办法啊，临行时区上政府的首长可是说了，加急密件啊，时间就是鲜活的生命呀！一路行来，一路小心，好在一路无事。谁想刚到第三个路口，一拐弯，张延春便忽然看见远处大约 50 米处站了几个荷枪实弹的小鬼子，隐隐约约地还可以看见还有两三个手推自行车，头戴黑色宽檐布帽，大敞着白色外套衣服的汉奸。"这下子糟糕了！快点跑回去！"小延春动作已经极麻利了，可是一个走狗汉奸已经看见他了，还立刻可恶地大叫起来："那边那个小崽子！哪里来的！站住！出来！还不马上滚过来。"跑看来已经来不及了，小延春摸摸衣兜中那半根红薯，小眼珠儿一转，计上心来，一把把信件扔进了口中。一个汉奸骑着自行车，冲上前来，下了自行车，一把抓住小延春的衣领，大骂说："老子叫你呢！还想跑啊！说！干什么的！鬼头鬼脑的。""到对面小柑子村走亲戚的，找我姥姥去。"小延春假装害怕，低下头小声儿地说。"你一定是在说谎话！太君，我刚刚明明看见这小崽子往口中扔了东西！叫他快点儿吐出来！"狗汉奸一脸媚笑，对着鬼子又是点头又是哈腰。一群鬼子一拥而上，如临大敌，个个端起枪，把小延春包围在当中。小延春装出一副吓坏了的样子，掏出衣兜中的那半根红薯，说："我走路太久了，肚子太饿了，吃红薯，也不可以吗？"为首的一个日本鬼子慢慢地踱过来，这家伙穿了一身厚厚的黄色呢子大衣，一脸的假笑和两撇小胡子真是让人恶心。他走近了小延春，取下白手套，拿出一张金票和一大把花花哨哨的糖果来，一脸奸笑地对小延春说："小孩子，乖啦，把东西吐出来，这金票和果果就全给你啦！大伙儿来作证，皇军对良民的说话算话的啦！"另一个大个子鬼子抽出雪亮的日本刀，恶狠狠地冲他叫起来："小屁孩子，识相点儿，再不吐出来死啦死啦的干活！"

小延春一看，心中说：好嘛，信件实在是保不住了。他一狠心，使劲一用力，伸了伸脖子，一口把信件咽下肚子，扔下半根原本想当作干粮的红薯，一屁股坐到地上，捂住脸，假装吓得大哭起来。周围的百姓看不下去了，小声议论起来："什么呀！走亲戚吃点红薯也要抓，这什么年头呀！""是呀！这么个小孩子，真是太过分了……""还良民证，还大东亚共荣圈，谁信呀！"鬼子头儿气得头上冒烟，看看四周围观的百姓，脸上一阵青一阵黑的，沉默了好半天。也只好狠狠甩了延春几个耳光，放他走了。红红的指印让小延春的脸一下子肿了起来，鲜血顺着嘴角流下来。小延春却一边奔跑，一边笑了。因为信件总算是保住了！

那是一场惨烈的大战之后，山里的伤员急需采购营养品来恢复。可恶的日本鬼子却封锁了各个路口，只许带出不许带入，见到进山人的蛋、鸡、鸭一律没收，只许商人采购瓜菜之类的东西销售。

机灵的小延春带领小伙伴，找来一个个大冬瓜，取下一股瓜尾，又掏空了瓜瓢，装了一筐筐鸡蛋，用小竹签儿小心地复原。一批鸡蛋就这么大摇大摆地从鬼子和汉奸的眼皮下背进了山中。而"大冬瓜，装鸡蛋，又好吃又好看"的故事也伴随着文工团的姑娘的演出而传遍了前线，让大伙儿乐了好长时间。可惜，1943年10月的一天，大批敌人突袭威县，抗日政府机关失陷于敌手。当时的张延春由于成长很快已经被正式任命为区首长的通讯员。在奉命撤退途中，为了保护首长和其他战友，他故意跳出来，暴露了自己，引开了敌人。敌人终于包围了他，密集的子弹追上了他，从四面八方无情地射入他的身体，肆意地撕裂了他年轻的生命。

邢台威海的七级镇，一个靠近北面的宁静的小山谷中，一处向阳的山坡上，悲伤的乡亲们含泪掩埋了小延春——这个曾腼腼腆腆为他们洒扫院落，挑水干活的可爱而又可敬的抗日小战士！

夕阳如血，一抔黄土就这样掩埋了他那瘦小的年仅15岁的战士的身躯，却永远也无法掩埋百姓们抗击日寇、护我河山的熊熊烈火！

◎ 王朴（王璞）

王朴，男，又名王璞，1929年在河北省完县出生，在抗日年间是儿童团的团长。王朴的父母是抗日工作者，因而他从小就跟随父母从事抗日的工作，并在11岁的时候被选作儿童团团长。在1943年的5月7日，王朴为了保护八路军根据地兵工厂的坚壁物资秘密，壮烈牺牲，后来被晋察冀边区政府授予"抗日民族小英雄"的光荣称号。

▲连环画中的王朴（王璞）形象

在1943年的春天，日本鬼子的整体形势已经呈全面的颓态，面对该形势，日本鬼子发动了更加残酷的春季大扫荡，以此来进行垂死挣扎。

一天，大队的鬼子来到了野场村。虽然来势汹汹，但是由于村里人提前就做好了准备，鬼子扑了个空。日本鬼子在村里搜了好久都没找到八路军的领导人，之后就去附近的山沟里搜索。但是野场村周围的山沟特别的多，日本鬼子在那搜索了几天仍然一无所获，甚至连那隐蔽着几个村庄百余名男女老少的桃树沟都没有找到。

转过天来，王朴很早就来到村口放哨，当他站在一块大青石上四处张望的时候，忽然间听到了一阵枪声。他赶紧站起来四处观察了一下，发现四周都有人影在晃动。他意识到情况不好，赶紧跑向村里，朝乡亲们大喊："不好了，我们被敌人包围了！"

在天大亮的时候，村里的100多名群众被敌人围在村边的一块谷场大小的空地上。

"你们谁是八路？"敌人架着机枪，端着刺刀逼问乡亲们。但是村里的人没有人回应他们，于是敌人便恼羞成怒将站在前排的王朴抓出来逼问："你的，小八路的？"

"不是！"王朴时刻谨记着《抗日公约》中的"五不"誓约，没有对敌人说实话。

敌人举起枪就朝着王朴砸过来："你的不说，就是小八路的！"王朴身子晃了一下，但是又坚定地站住了。他不会因此而屈服的，他还想知道，敌人还能够做些什么来让他屈服。

之后汉奸质问王朴："你就是儿童团的团长王朴吧？你一定知道八路军的东西藏在哪里，快说，不说就杀了你。"

王朴面不改色地说："不知道，知道也不会告诉日本鬼子和你这个狗汉奸的！"

接着，鬼子的军官就朝着人群喊了一堆话来表示他的愤怒，紧接着，狗腿子翻译官就对村民们吼起来："听着！太君说了，他不想为难大家，只要你们将八路军的兵工厂的机器以及枪弹的所在地告诉太君，就可以马上放你们回家，不然，有你们好瞧的，一个也不能放过，就地枪决了你们，哼！"

随着翻译官的话声落地，鬼子的军官举起指挥刀，并命令机枪随时准备。

村民们个个都紧咬下唇，一声不吭，绝不吐露出一个关于八路军信息的字。

大汉奸翻译官又开始大吼："无知的人们，难道你们都不怕死吗，只要说出兵工厂在哪，就可以放掉你们。"

鬼子看到这幅情景，气愤地深吸了一口气。看他的表情已经是恼羞成怒了，似乎在他稍稍平复下心情后就会挥舞他的指挥刀，然后下令开枪。这时，王朴突然大喊一声："乡亲们，我们不能说呀，为了抗日的胜利宁死也不能当汉奸。"

紧接着，王朴的娘也站到前面来说："对！我们宁死也不能说，誓死不当出卖国家的汉奸！"接着，村民们就互相激励着，都大声喊着"死也不说，不做汉奸"。

敌人见情况不妙，见人们反对的声音越来越大，就开始殴打"始作俑者"王朴，王朴在敌人的殴打中，仍不屈服，依然挣扎着喊道："儿童团的团员们，还记得老师教给我们的十个大字吗？'宁为抗战死，不做亡国奴！'。我们要牢记'五不'誓约，绝不向日本鬼子屈服……"

儿童团的团员们在王朴的鼓动下，齐声朗诵"不给敌人带路，不暴露八路军的秘密，不说出抗日干部……"突然，日本鬼子的枪声响了，王朴用尽他最后的力气喊出了最后一句话："打倒日本鬼子，打倒狗汉奸！"伴随着这一声音，他倒在了血泊之中。

这一天，是1943年的5月7日，14岁的王朴和其他的118名群众全部壮烈牺牲。这一天，太阳的光是那样地红；这一天，鸟儿的声音是那样地悲伤。天空中印出的是王朴和群众壮烈、不屈的身影。桃树沟在流血，在痛哭！

◎ 崔振芳

1924年，崔振芳出生于山西洪洞县，从小家境十分贫寒。为打败日本侵略者，保卫我中华大好河山，年仅13岁的崔振芳毅然离开家乡参加了八路军。在革命队伍里崔振芳不断地学

▲崔振芳雕塑

习，茁壮地成长。14 岁时崔振芳被调到总部特务团司号班学习司号通信技术，勤奋好学的崔振芳，作战勇敢、意志顽强，给战友们留下深刻的印象。16 岁时，崔振芳加入了中国共产党，并成为 7 连的司号员。当时的 7 连就驻扎在赫赫有名的黄崖洞。黄崖洞地处太行山脉，地形险要，易守难攻，是个极为重要的要塞之地。八路军副总司令彭德怀、副参谋长左权等总部首长亲自到黄崖洞勘察，他们选中了这块重要的战略要地，并在这里创建了八路军的兵工厂。兵工厂开工了，工人们加紧生产，厂里生产的武器可以装备十六个团的抗日战士，有力地支援了八路军的抗日斗争。

日军集结优势兵力意图彻底摧毁兵工厂。1941 年 11 月的一天，日本侵略者纠集了第 36 师团 5000 余重兵向着黄崖洞饿虎扑食一般地扑来。当敌人来到距八路军阵地 100 米左右时，英雄司号员崔振芳吹响了军号，八路军战士凭借地形的优势将一颗颗手榴弹投向了敌群，手榴弹在敌群中炸开了花，日本鬼子的进攻被打退了。然而，凶残的敌人并不死心，他们一次次疯狂地向八路军的阵地进攻。11 月 11 日，天阴沉沉地下起了小雨，敌寇趁着漫山迷雾又集中兵力，兵分三路向我军阵地发起了猛烈攻击。他们想用自杀性强攻的方式抢占这个天险要塞。

经过几天的激战，我军已有非常大的损失，形势危急，崔振芳所在的 7 连面临着严峻的考验。在最危急的时刻，连长下令让崔振芳和卫世华两位机智勇敢的小战士把守黄崖洞的南口，用手榴弹阻止敌人的进攻。崔振芳和卫世华二人欣然接受上级交给自己的任务，他们向连长保证，人在阵地在。

南口的地势十分险要，这里是黄崖洞山涧的出口，是敌军要进入黄崖洞的唯一通道，如果把黄崖洞比作一个瓮，南口就是瓮口。在黄崖洞山涧内抬头只可看见一线天，沿着曲折峡谷走到尽头，转弯处只见一边是深潭，一边是峭壁，顺着峭壁只有一条一步宽的靠山石梯，上下两段石梯中间的深沟用一个吊桥相连，可谓"一夫当关，万夫莫开"。只要这里不失守，黄崖洞就坚如磐石。

17 岁的小振芳已经是有四年军龄的战士，他对战争的残酷性有着深刻的认识，他知道只有守住南口，才能保住八路军的兵工厂，保住兵工厂，八路军才能有足够的枪支弹药，才能打败日本侵略者。两名小战士毫无惧色，他们奋不顾身地进行英勇抗击，阻击了敌人一次次自杀似的进攻。久攻不下，敌人的进攻更加猛烈了，小战士卫世华不幸被敌人罪恶的子弹击中了手臂，崔振芳马上把战友救护下去，自己一个人留在阵地上。战友的受伤更激起崔振芳对日本侵略者的仇恨，增强了小英雄的斗志。

此时，形势已经非常危急，崔振芳冷静地分析了战场的形势，决定用最有效的方式打击前来突袭的敌人。他看准敌人来的方向，等到敌人进入自己投弹的距离再投出手榴弹，这样的投掷，不仅可以最大限度地打击敌人，同时还可以节约弹药。

　　整整七天七夜，崔振芳一人孤身战斗在陡崖上，他利用居高临下的天险优势，随时出击，投出了 100 多枚手榴弹，炸死日本鬼子数百人。在最后的时刻，他用尽所有力气投掷出最后一颗手榴弹，此时崔振芳已经累得爬不起来了。突然，他听见增援部队赶到的呼喊，总反攻的时候到了，崔振芳用尽全身力气想站起来与战友们一起投入战斗，不料却被一块炮弹崩起的石块击中了喉咙，顿时血流如注。

　　黄崖洞保卫战胜利了，日本鬼子受到了重创，八路军在这次战斗取得了敌我伤亡 6∶1 的辉煌战绩，17 岁的小英雄司号员崔振芳以自己宝贵的生命和鲜血，创造了凭险据守、以一当百的辉煌战绩。

◎ 小兵张嘎

▲影视剧中小兵张嘎的形象

《小兵张嘎》是一部根据抗战时期的真人真事创作的电影作品。张嘎的原型是冀中白洋淀的一个小孩，名叫"水娃"。水娃从小就跟爸爸下水捕鱼，练得既能游泳又能潜水的本领。水娃天生好动，生性顽皮。因此村里的乡亲们亲切地管他叫"嘎子"。

嘎子的父母被敌人杀害了，嘎子只能跟奶奶相依为命，没多久奶奶也在保护八路军钟排长时不幸被敌人抓走了。嘎子带着对敌人的憎恨离开了家乡，参加了革命，在一次次的战斗中，嘎子通过自己的聪明才智，赢得了胜利。

作家们根据这样的材料，创作出了《小兵张嘎》这部电影，将"小兵张嘎"描绘得有血有肉，让人们喜欢、敬佩。

在冀中平原的白洋淀边上，有一座小水庄子，庄子起着一个古怪的名字，叫鬼不灵。抗日战争时期，庄子上有一个古怪的嘎小子，姓张名嘎，别人都喊他嘎子，故事就是从张嘎子的身上开始的。

抗战已经持续了多年，随着时间的推移，鬼子的势头越来越弱，相反以八路军为代表的抗日队伍却节节胜利，势如破竹。小鬼子日渐式微，远在农村边区的部队也被敲打得越来越狼狈，即使是嘎子这般年纪的小小少年也知道，鬼子已经是秋后的蚂蚱——蹦跶不了几天了。

区上八路军的部队几次主动出击，接连拿下了鬼子在白洋淀的炮楼碉堡，在最近一场战斗中，更是将鬼子打得魂不守舍，只差一座炮楼，就可以将白洋淀地区的鬼子据点全部拔除了。胜利在即之日，也是鬼子鱼死网破豁上性命疯狂反扑之时。

这天，嘎子在河里抓了一条大草鱼，奶奶张大娘把鱼拾掇炖了汤，又打了三个家里老母鸡下的蛋，烙了好几张香喷喷的葱油饼。嘎子见饼烙好了，小馋猫一样伸手就去摸，奶奶拍了一下他的小猫爪，嗔怪着说让他先给老钟叔送去，回来再吃。

老钟叔是区上八路军部队的侦查排长，名叫钟亮，作战勇猛，为人正直，在攻打敌人最后一个炮楼的时候受了伤，目前正在嘎子家里养伤。

嘎子把葱油饼给了老钟叔，老钟叔给嘎子讲了罗金宝的传奇故事，嘎子觉得这罗金宝真是个人物，真想见见这个老罗叔。

也在此时，鬼子又来村里清剿八路了。两个伪军摸到了嘎子与钟亮所在的屋子外，却谁都不敢进去，两个猥琐的伪军商量一下，决定先去叫人。嘎子和钟亮却在屋里听见了两个伪军的对话，知道鬼子进村了，趁着伪军去喊人，两人偷偷溜了出去。

来到村子的谷场，鬼子把所有村民都聚集到了这里，嘎子看见奶奶被鬼子押在人群前面审问，便要冲上去，被村长纯刚死死抱住了。鬼子逼问嘎子奶奶八路的下落，伪军队长说自己早就听说了八路军的伤兵在她家里养伤，让她把八路交出来。张大娘与鬼子有血海深仇，威武不屈，坚决不开口，还把鬼子的小队长羞辱了一番。鬼子软硬兼施审问无果，变得气急败坏，拔出刺刀就要杀害张大娘。

钟亮见状忙挺身而出，自己主动走到鬼子面前，让鬼子放了张大娘。鬼子见真正的八路落网，很是满意，便收队回炮楼，鬼子队长却在临走前报复性地开枪将张大娘杀害了。

嘎子唯一的亲人被鬼子残忍杀害，心中悲痛欲绝，对鬼子也更加痛恨。听从村长纯刚大叔的建议，他决定孤身一人去区上寻找八路的队伍，为了给奶奶报仇，也为了救出被鬼子抓走的老钟叔。

嘎子跋山涉水，来到了区上，最终见到了罗金宝。嘎子扑到老罗叔身上大哭不已。

区队长说部队会为嘎子奶奶报仇，也会救出老钟叔。从此嘎子住在了八路军的队伍上，成了一名小小的八路军战士。他一直渴望当一名侦查员，区队长见他机灵，就让他跟着侦察排长罗金宝，乔装成卖瓜商贩，在路边侦查敌人动静。

这天天气极热，嘎子和罗金宝在路边卖西瓜，一个满脸横膘的翻译官拿着折扇走过来，打开瓜就吃，嘎子问他要钱，他骂骂咧咧自称在这一片吃饭从没人敢向他要钱。罗金宝与他对答几句，胖翻译警觉到罗金宝是八路，欲要拔枪。罗金宝冲嘎子使个眼色，嘎子会意，举起西瓜便砸，还未等胖翻译站定，嘎子便抄至其身后，将木制手枪抵在了胖翻译的腰上，缴了胖翻译的真枪。

这天罗金宝来与区队长汇报，说是鬼子一个物资小队会路经部队所在地。区队长说，到手的肥肉可不能丢了，决定伏击鬼子。嘎子在隔壁听到了这消息，他央求老罗叔让自己也去打鬼子，软磨硬泡之下，罗金宝征得区队长的同意答应了他。

八路军提前部署，将鬼子的物资部队打了个落花流水，嘎子乘胜追击，与一名伪军斗了半天，再次用假枪缴了伪军的真枪，并活捉了伪军。与部队会合后，嘎子才意识到自己被流弹打中了屁股，所幸伤势不重。嘎子被卫生员带到了附近的小水庄子上养伤，却悄悄把自己缴获的枪私藏了起来。

嘎子要去找部队去了。

在途中，嘎子被两个伪军盯上了，他逃到了胖墩家，却没有瞒过伪军，为了不给胖墩父子惹麻烦，嘎子自己站出来跟着伪军去了鬼子的炮楼。

与此同时，见时机成熟的八路军队伍决定攻打鬼子炮楼，一方面是救钟亮，另一方面也要拔掉白洋淀最后一根钉子。罗金宝化装成商人与已经良心发现的胖翻译见了面，让胖翻译做内应，订下了计划。

夜袭的战役就此打响。八路军的攻势锐不可当，很快压制住了鬼子，只剩下鬼子大队长龟田还在据守炮楼疯狂反击。区队长决定火烧炮楼，但是鬼子的火力很猛，先锋队员几次欲过去点火都以失败告终。

正当区队长一筹莫展之际，突然看见对面炮楼里面着了火，昏暗中还看到一个小小的身影在不断地往火苗里添着柴火。八路军顺势强攻，鬼子终于走投无路了。但是那个小小身影却扑倒在了地上。

八路军队员将那小小身影救起，才发现是小嘎子。原来战斗打响后，嘎子被抓进鬼子炮楼里，见八路军点上火很快又被鬼子机枪扫灭，八路军的进攻被生生打断了，他便找机会逃脱了伪军的看管，做起内应点着了炮楼。

老钟叔被顺利救了出来，最后一根钉子也终于拔掉了，白洋淀解放了。小嘎子在这战役中功不可没。

◎ 海娃

海娃生于山西省原平县龙门村，村子不大，但村子里的人却都很有血性，抗日战争爆发后，村民主动联系游击队员，组建了民兵团。海娃虽然只有 14 岁，却已经是村子里儿童团的团长。

海娃平日里做的事情就是放羊，但这只是个幌子。他的手里除了拿着皮鞭子，还持着一把红缨枪，他真正的工作实际上是为村子放哨。

这天，已是黄昏，羊儿依旧温顺又不知满足地啃着草皮。海娃拿着红缨枪在山上的小树旁放着哨，目光炯炯，丝毫不松懈。

▲影视剧中海娃的形象

　　突然海娃听见有人远远地喊他的名字，一侧头便看到了爸爸从阳坡的小路上爬了上来。海娃连忙迎上去，隐隐觉得有事情要发生。果然，爸爸从口袋里掏出一封信给他，嘱托他一定要交到王三庄指挥部的张连长手里。

　　海娃接过信，看到信上插着三根雪亮的鸡毛，知道这是一封非常重要的鸡毛信，便丝毫不懈怠，忙揣好信赶着羊群急急向王三庄走去。海娃特意抄了一条小路潜行，刚刚转过山崖，心里却咯噔一声，暗道不妙。原来西山顶上的消息树倒了，这意味着，山的那边已经发现鬼子了。海娃连忙掉头打算走大路，但是一回头便看到大路山口一群鬼子气焰嚣张地向这边走来。

已无路可走，鬼子越来越近，海娃脸上急出了细密的汗珠。他知道手上这封鸡毛信的价值，一旦落入敌人手里，后果不堪设想。应该将信藏在哪里呢？海娃低头看了眼腿旁的绵羊，急中生智，将一头老绵羊尾巴上的长毛拧成两条绳，把鸡毛信严严实实地绑在了胖胖的羊尾巴下面。将信藏好了，海娃便赶着羊勇敢地迎着鬼子小分队走去。

鬼子撞上了海娃，觉得海娃可疑，便开始搜他的身，口袋补丁都掏了个遍，甚至是脚底的鞋子也没放过。可想而知，鬼子一无所获。他们本就是下村抢粮的鬼子，只想赶忙进山去抢粮，见未搜到什么东西，便不再理会海娃，径直向村子里走去。

海娃松了一口气，赶忙赶着羊群向前走。未走几步，一个伪军突然又追了上来，用枪抵着海娃，让海娃将羊群赶回山中，他是打算用海娃的羊"孝敬"跟随的日本鬼子。海娃无力反抗，而且鸡毛信暂时安全，便只能先乖乖跟他进山，再想办法脱身。

太阳落山后，鬼子带着海娃来到了一个村子里，就在打谷场上宰了几只羊，开始烤羊肉吃。海娃悄悄抱着那只老绵羊，伸手摸了摸羊尾，还好，鸡毛信完好无损地吊在羊尾巴上。

鬼子们吃饱后，那个二鬼子让海娃把羊赶进羊圈里，然后把海娃拖进屋子里监视着他。夜深了，鬼子和伪军都抱着枪在干草上睡着了，海娃被挤在屋子的最深处。海娃心里惦记着鸡毛信，根本无法入眠。他想，明天鬼子再杀羊，到时候鸡毛信肯定就会暴露了，羊死了事小，情报送不到事情可就大了。他觉得无论如何今晚都得逃出去把鸡毛信送到张连长的手里。

但是屋子里有带枪的鬼子看着，门外也有鬼子的哨兵看着，该如何逃屋子，到羊圈里顺利地拿到鸡毛信呢？海娃只觉得头脑一片混乱，不知道该如是好。

正在海娃揪心之时，突然听到门外的哨兵喊了一声"谁!"一个声音回答说:"喂牲口的。"然后哨兵就不再吭声了。海娃眉头一皱，计上心来。

天快亮了，海娃再也待不住了，他趁着门外的哨兵在打瞌睡，小心翼翼地迈过屋里鬼子和伪军的身子，不惊动哨兵，悄悄溜到了村边的小路上。海娃直奔羊圈，被一个哨兵喊了一声，海娃就学着大人的声音说了声"喂牲口的"，哨兵就不再理会他了。海娃抱过老绵羊，取下鸡毛信，向庄后的山梁上飞奔而去。

此时天已经亮了。海娃刚到山嘴，还来不及喘口气，就听见前面有人朝他吼，海娃定睛一看，是一个鬼子在拿着一面小白旗冲他来回摇晃。海娃顺势脱下白布小褂，模仿着鬼子也来回摇晃，对面的鬼子信以为真了。海娃趁机一口气爬到了对面的山顶，三王庄近在咫尺，他终于敢喘口气了，便一屁股坐下摸口袋里的信，但是口袋是空的，鸡毛信不见了! 海娃找遍了全身，都没有，便想到可能是刚刚摇衣服的时候把信给弄丢了，便又马不停蹄地原路返回，一口气跑到了之前摇晃褂子的地方，果然，鸡毛信就是掉在了那里。

海娃心里的一块石头总算落了地，捡起鸡毛信塞口袋里便要再往回跑，却被赶过来的伪军给追上了，伪军打了海娃好几枪托，又把海娃给抓回去了，这次他让海娃给鬼子带路。

　　海娃无奈，便赶着羊群跟着鬼子的队伍走，翻过大山，转眼间便已来到了三王庄前，三王庄近在咫尺，但是海娃却没法逃脱去找张连长，海娃急得心里火烧火燎的，一个劲地抽羊鞭子。

　　突然，海娃看到这边山上的消息树也已经放倒了，便料定张连长的队伍已经知道鬼子的行踪了，说不定已经把鬼子给包围了，一旦时机成熟就会发起进攻。但是鬼子这边的情况却不一样，他们丝毫不知道自己的一只脚已经迈进了鬼门关，此刻都在沟子里休息，抽烟、吃羊肉，竟然甚是得意快活。海娃从心里啐了鬼子们一口，心想，先让你们得意一会儿，过一阵可就要被打得脑袋开花了。

　　休息得差不多了，鬼子的队伍又开始赶路，鬼子军官拔出长刀向前一指，让一队伪军在前面开路，海娃被他们夹在中间赶羊。伪军想抄小路直接上山顶，但是走到半山坡，突然响起了"轰轰"的巨响，黑烟滚滚，海娃知道这是伪军踩上地雷了，心里偷偷喝了个彩。

　　鬼子军官不理那些伪军的死活，把海娃拎过来，让海娃在前面带路。海娃眼神闪烁，似乎想到了计策，没有拒绝，径直走到鬼子队伍的前面乖乖带路。

　　海娃对山上的地形再熟悉不过了，他远远地走在鬼子部队的前面，在一个森林的岔道口有一条小路和一条羊道，海娃二话没说，便选择了羊道，一个伪军觉得不对劲，喊海娃说他走错了，海娃信心十足地拍拍胸脯说错不了。

　　山上的羊道陡峭险峻，对于走惯了山道的海娃来说这不算什么，但是对于行军的鬼子们来说简直就是惊心动魄的噩梦一般，鬼子们赶路不容易，便走一段歇一会儿，海娃健步如飞，与后面鬼子的距离越拉越远。

鬼子军官觉察出了海娃的意图，便大声训斥海娃，让海娃慢点走，海娃也不理他，依旧健步如飞向前赶路，就差肋生双翅了。鬼子便哇拉拉叫骂起来，警告海娃再不站住就要开枪了，海娃赶着羊群，挥着鞭子，向前飞奔，丝毫不理会那喊叫的鬼子。

鬼子穷凶极恶，拉栓上膛，真的朝海娃开枪了，混乱之中海娃扑倒在了乱草丛中，对着山上拼命地喊："打啊！鬼子上来了！"

一阵清脆的驳壳枪声从山顶四面八方响了起来，鬼子开始呜哩哇啦地骚乱起来，海娃知道鬼子被自己带进了张连长的包围圈，他们是跑不了了。心中激动，又铆足了劲爬了起来，拼命向山顶的队伍爬去。

乱战之中海娃突然被纷乱的流弹打中，只觉一阵剧痛，海娃双眼一黑，便晕倒在了乱草堆里。一个游击队员连忙跑过来，抱走了海娃。

海娃醒转过来便看到了张连长，他像是突然想到了什么，挣扎爬起来告诉张连长他有一封鸡毛信在自己的身上，刚刚说完，伤口一阵剧烈撕痛，便又晕了过去。

海娃再次醒过来的时候，战役已经结束了，他被安置在一张暖炕上，身上盖着绵软暖和的毯子，海娃像是懵了，开口便问张连长自己这是在哪，张连长笑着摸摸他的脑袋，再次赞许地望着他，亲切地告诉海娃，那封鸡毛信里面是鬼子炮楼的情报，因为海娃及时送来了信件，八路军队伍根据信上的情报顺利端了鬼子一座炮楼，缴获了大量的军用装备。张连长直夸海娃功不可没，称他为小英雄。

海娃身上流淌着中国人的热血，镌刻着中国人民的智慧与魄力，虽然小小年纪却也不畏强暴，与敌人巧妙周旋，立下奇功，绝对当得起这个"小英雄"的称号！

◎ 雨来

▲连环画中的雨来形象

　　晋冀察边区的北部河北省玉田县有一条还乡河，河里遍生着芦苇，夏末秋初，晚风一起，芦苇花絮便会随风飘散。还乡河旁有一座小小村庄，许是每年都会被漫天芦苇花絮萦绕数月的缘故，村庄的名字就叫做芦花村。我们的主人公小英雄雨来就是在这个村子里土生土长的人。

　　每年夏天，雨来都会和小伙伴铁头、三钻儿到还乡河里游泳，几个小孩子光着屁股，皮肤被晒得黝黑，在水里玩闹，乐此不疲。雨来水性最好，仰浮在水面上像是一叶永不沉潜的小舟。

　　因为家里世代都是农民出身，没钱让雨来去上学堂，所以在雨来 12 岁的时候，爸爸妈妈将雨来送进了共产党员开设的夜校。雨来的老师是一个穿着青布衣褂的小姑娘，她教给孩子们的第一堂课便是爱国——"我们是中国人，我们爱自己的祖国"。雨来尤为珍惜这得来不易的学习机会，听课特别认真，从此，小小的灵魂土壤里便种下了爱国的种子。

（一）

一天夜里，雨来听见爸爸小声对妈妈嘱咐着，说是鬼子又要来村上扫荡了，自己要过一两个月才能回家。让妈妈去告诉东庄雨来的舅舅，让他召集手下的民兵去区上集合。

第二天醒来，爸爸早已走了，妈妈也去了东庄姥姥家，就剩了雨来一人在炕上念书。

临近中午，雨来吃了点剩饭打发了饿扁的肚子。突然听到门外传来一阵杂乱的脚步声，声音越来越近，雨来心里一惊，忙跑向门外打算看个究竟。刚迈出门槛便与一个人撞了个满怀，雨来一惊，抬头细看，原来是区上的交通员李大叔。

李大叔神色慌张，不远处传来鬼子呜哩哇啦的叫喊声，雨来小脑袋已猜到这是怎么回事。李大叔也来不及多说，急急跑到墙角，把一口缸搬开，缸下面是一个地道，李大叔跳进洞里，嘱咐雨来快把缸搬回原处，别跟人说自己躲在了这里头。

缸里有半缸糠皮米，雨来费了好大的力气终于将缸搬了回去。还来不及喘口粗气，鬼子已经闯了进来，雨来见状连忙向后院跑去。鬼子看到了他，呜哩哇啦喊他站住，并朝他开了一枪，所幸子弹从他头顶上掠了过去。

但是后院没有门，雨来想顺着墙根的一棵桃树翻出去，却在爬树的时候被追来的鬼子一把抓住脚强拽了下来。

雨来跌在地上，被鬼子五花大绑地抓了起来。鬼子将雨来摔在屋子里，开始翻箱倒柜地找人，一会儿工夫屋子里便被弄得一片狼藉了。

为首的鬼子军官打量着雨来，小眼睛眯成一条线，眼珠咕噜噜乱转。过了一会儿，鬼子军官突然朝雨来笑了，用手摸着他的头，操着日式中文让雨来不用害怕，并从口袋里掏出一把糖塞在雨来手里，让雨来告诉自己刚刚的八路藏在哪儿了。

雨来闭着嘴不说话，也不接鬼子军官的糖。鬼子军官见状，突然目露凶光，开始对雨来拳打脚踢，下手又狠又重，雨来却目光坚定不吭一声。鬼子军官打累了，却见鼻青脸肿的雨来始终不肯屈服，便让身边的鬼子兵将雨来拉出去枪毙。

几声枪响，震彻全村，飞鸟惊走一片。

交通员李大叔在地洞里待了良久，却不见雨来过来搬缸。就从一个地道口钻了出来。回到屋里，鬼子倒是都走了，雨来却也不见了。跑到街上一问，乡亲说雨来被鬼子枪毙了。

李大叔一听，眼泪没控制住，汹涌而下。正所谓活要见人，死要见尸，大家却到处都找不到雨来的尸体，甚至连滴血都看不到。然后众人想到，是不是鬼子把雨来扔进河里了。人们顺着还乡河水开始找寻，找了半天却未有收获，正待大家都伤心失落之际。雨来小伙伴铁头突然指着河面激动地说，你们看，那是谁？

众人循着铁头所指方向望去，只见芦苇丛中，探出一个小脑袋，抖着头发上的水，正是雨来。

人们将雨来拽上岸来，这才知道，原来鬼子打算在河边枪毙雨来，雨来趁其不备，一个猛子扎进水里，鬼子见状急急向河里开枪，但水性极佳的雨来早已如游鱼一般潜流而去了。

（二）

不久后，鬼子果然要来村子里扫荡了。村民闻讯，都急急收拾着细软赶着家畜慌慌张张向沟里跑。与此同时，武装班长申俊福带领着十五六位民兵开始到村外的大道上掩埋地雷。

雨来和小伙伴们跟在民兵后面，死乞白赖地缠着申俊福申请要帮忙埋地雷，申俊福赶了他们好多次都没有用，就又好气又好笑地给了他们一些粉笔和纸条，让他们去画混淆鬼子视听的伪装地雷。

雨来和小伙伴们干劲十足，在纸条上写上骂鬼子的话，雨来拿着粉笔想了许久，最后在地面上凝重的写下了"这是中国的土地"七个掷地有声的大字。

地雷埋完后，民兵和雨来他们都迅速躲了起来。但是大家等了半天也不见鬼子的踪影。雨来几个小孩子心里有些着急了，他们小心翼翼地向村边赶去，打算侦察一下敌情。雨来他们躲在暗处，却发现村子里静悄悄的，不见鬼子踪迹，只见满目疮痍。

雨来猜测鬼子已经走了，便让小伙伴们先躲起来，自己去院里看看动静。雨来爬上一座草垛，却突然被人抓住了双脚。雨来心里一惊，大喊让小伙伴们先跑。小伙伴们都跑了，雨来却被一个特务给摁在了地上。

特务将雨来交给了一队鬼子，鬼子大约200多人。鬼子军官盯着雨来看了几眼，突然拿出一把日本糖，让雨来带路去找藏起来的村民们。雨来正要拒绝，却突然想到了那地雷区。心想天堂有路你不走，地狱无门你闯进来，我就把你带到雷区里去。

雨来假装顺从，被鬼子推搡着开始带路。到了村东大道上，鬼子看到了那些花花绿绿的伪装地雷区的纸片，心中生疑。雨来就带着这群鬼子在雷区里转了半天，将鬼子搞得晕头转向的。转来转去，雨来终于将鬼子带到了真雷区。

雨来在河堤上领着鬼子们一步步靠近真雷区，心里却盘算着怎么脱身。在离雷区还有一丈远的时候，雨来灵机一动，假装不小心跌入了河里，挣扎了几下，消失在水里。鬼子以为雨来淹死了，也没生疑，便继续往前走。踏入雷区，所有地雷被触发，一阵惊天动地的轰炸声，200个鬼子死的死伤的伤，被俘虏了好多，只逃走了30多个。

雨来又从水里探出头来，面露微笑。

（三）

随着战争的升级，芦花村被一队鬼子给霸占了。雨来家里也住上了鬼子。

鬼子住东屋，雨来和妈妈住西屋。

一天半夜，雨来在睡梦中感觉有人在摸自己的脸，吓了一身冷汗。雨来叫醒妈妈，昏黑里看了一下屋子里，发现炕沿上倚着一个虚弱的八路军，显然是受了伤。

雨来和妈妈将八路军藏在西屋里精心照料，没几天八路军便恢复得差不多了，打算出村去找部队。但是村子周围都布满了鬼子的哨兵，出村很难。

雨来急中生智，将爸爸的羊皮袄拿出来，让八路军反穿，混在羊群里趁天黑出村子，八路军觉得也无他法，便同意一试。

恰好雨来的小伙伴三钻儿在于大肚子家放养，雨来便连夜说服三钻儿，趁着天还没亮让八路军穿上羊皮袄混在羊群里出村。

来到鬼子的哨岗，道上点着一堆堆篝火，把羊惊吓得不肯移步，雨来用鞭子抽打，引起了鬼子哨兵的注意。鬼子让雨来回去，雨来想起于大肚子已经做了鬼子的团总，便说羊是于团总的，要出村放羊。

翻译官跟鬼子说了之后，鬼子不耐烦地让雨来滚。雨来顺利将八路军转移到了村外。

（四）

某天夜里，已成为儿童团员的雨来和铁头在村子西头拿着红缨枪放哨，虽然又冷又困，但两人始终保持着高度的警惕，观望着大道上的动静。

武装班长申俊福突然出现，将两个孩子吓了一跳。申班长拿来一封鸡毛信，问谁能去送到村西。雨来一看信上有三根鸡毛，知道是一封十万火急的信件，便主动请缨，要去送信。

雨来快步沿村往西，因为这是非常时期，没有固定的收信地址，他只能一路向西朝大概方向寻找。

不知跑了多远，黑暗中突然有个声音质问他是什么人，雨来觉得是遇到了敌人，吓出了一身冷汗。

前面的黑暗中有一堵墙，一棵树，声音就是从那上面传过来的，雨来想跑，那声音却威胁他说，敢跑，就开枪。或许是怕雨来有武器，那声音让他拍着手走过来。雨来心想信不能落在敌人手里，便蹲下身子，迅速将信埋在了土里。自己小心翼翼的拍着手靠近那说话的人。

那声音问雨来是谁，离得近了，雨来认出了是同村王二哥的声音，便说自己是来送鸡毛信的。王二哥也认出了雨来，从墙头上下来，向雨来要信。雨来就让他和自己一块去刚才走过来的土里去找。

两人摸黑忍着寒冷找了半天，终于找到了完好无损的鸡毛信，原来那是一封极为重要的敌军情报信件。

雨来年纪虽小，却怀着一颗爱国之心，凭借着自己小小的智慧与勇气为抗战贡献着自己的一份力量，是当之无愧的人民小英雄。

◎ 姜墨林

▲连环画中姜墨林的形象

司马迁在《报任少卿书》中曾说过："人固有一死，或重于泰山，或轻于鸿毛。"东北抗日联军的队伍中，就有这样一位少年英雄——姜墨林，用自己的机智、勇敢和鲜血记述了其重于泰山的伟大一生，11岁参加儿童团，14岁担任义勇军小队长，为国捐躯时年仅19岁，但他活得轰轰烈烈，为人民的幸福浴血奋战，他为解放事业作出的卓越贡献永远熠熠发光。

声名远播的少年战士

1921年，吉林省宁安县红土墙子村一家农户中传来一声响亮的啼哭。11岁时，这位名为姜墨林的少年满怀为双亲报仇雪恨的念头加入了中共地下组织中国共产主义儿童团，多次只身出入敌占区侦察敌情，完成地下党组织交予的任务。

没过多久，聪明伶俐、机智勇敢的姜墨林成长为一名出色的儿童团员。声名远播的同时，他也成为了敌人重点抓捕的对象。中共宁安县委对这一状况比较关切，1934年春，一名县委的同志说："你的名声闹大了，敌人到处抓你呢！"没想到这少年竟平静地笑着回答："我不怕，他们才抓不到我呢！"县委的同志于是郑重叮嘱道："要和敌人斗，光胆子大不行，还要有策略，抗日更重的担子还准备让你挑呢。"姜墨林听到组织上批准他参加绥宁反日同盟军的决定，兴奋地表示，一定完成好组织上交代的任务。

胆如象大的义勇军小队长

初生牛犊不怕虎，在镜泊湖北面的杨胖子沟的第一次战斗中，姜墨林像一只勇猛的野兽，冲向敌人最密集的地方。他杀死了日本军官，又用手榴弹在日本队伍中开了花。在部队召开的评功会上，战士们用"人如枪高，胆如象大""初出茅庐，后生可畏"形容姜墨林的功绩。从此，他在人们心中已成为一名真正的无产阶级革命战士了。

高山、大河、密林、沼泽，1934年夏，自牡丹江，经西老爷岭，至苇河、石头河一带的千里征途中，不论行军还是打仗，他从来不落人后，部队休息时，他又成了大家的开心果。在这期间，他参加过袭击石头河子敌车站的战斗，共缴获50余支枪和5000多发子弹；他还参加过老黑山战斗，和战友们一块消灭了100多个敌人，缴获迫击炮一门、机枪两挺、步枪50余支、手枪11支。

1935年初，他被吸收为中国共产主义青年团团员。不久，部队改编，他被调到二军 4 师 4 团的青年义勇军担任小队长。

1935 年底，日寇集结重兵对抗联发起疯狂进攻，姜墨林的青年义勇军小队，被选入突击队，承担起摧毁东关敌据点的重任。两个昼夜的行军之后，姜墨林率队潜入敌人据点前的战壕内。正当战士们在雪中匍匐剪开铁丝网时，据点内的敌人发现了，敌人发出的照明弹将战士们完全暴露出来。姜墨林当机立断将小队分为四组，从不同方向在积雪中挖沟前进。最终，姜墨林首先从雪沟中跃出，成功用一捆手榴弹将据点炸开了一个缺口，随着伪军投降，后续的抗联部队很快消灭了 30 多个鬼子，取得了本次战役的首次胜利。随后，在战士们入梦正酣时，敌人的骑兵队追来了，姜墨林率领小分队向人多势众的骑兵猛烈阻击，经过一夜酣战，敌人始终未能成功冲击，只好狼狈逃窜。

1936 年，姜墨林所在的教导大队改编为抗联第二路军总指挥部直属教导团。他也经常被派去执行通信联络任务。

1937 年冬，关东军再次集结重兵，对抗联发起大规模进攻。重兵围困下，身着单衣的战士又缺乏物资供给，抗联第二路军总指挥部决定派姜墨林率小分队突破敌人的封锁，筹集粮食、棉花和布匹。历经跋山涉水、日夜兼程后的小分队，秘密发动群众，由老人、妇女、儿童分多次带出城外。仅用了一个星期，姜墨林就筹集了 100 多匹棉布、上千斤棉花，还有一些胶鞋和粮食。期间，一队日军骑兵追赶上来，他一边命令押运队伍继续前进，一边设埋伏。经过几个小时的伏击，敌人伤亡惨重，物资也已平安送抵，他这才下令撤退。最终，被围困的战士们穿上了暖和的衣服，得以无所顾忌地与敌人展开殊死搏斗。

视死如归的革命英雄

出色的作战表现，为他赢得了更好的学习机会，1938 年 8 月，姜墨林被总部派到苏联深造。学成归来，他成了抗日联军中最年轻却经验丰富的指导员。从此，在宁安、敦化、舒兰等地，他单独率领一支队伍神出鬼没地打击敌人，多次取得战斗的胜利，受到总部的嘉奖。

1940 年秋，姜墨林部队探知路过的乜河镇镇南一个敌据点只有 20 多个鬼子，远离敌人的大队人马。他果断决定拔除该据点。天黑以后，他率队悄悄向镇南据点逼近。深夜时分，敌人刚入梦乡，突然枪声大作，姜墨林率领战士向据点猛冲过来。仅十几分钟，据点里的鬼子就被全部打死，当镇上的敌人赶来援救时，姜墨林的队伍早已消失得无影无踪了。

遇此突袭的惨败，敌人异常恼怒，他们连夜派出骑兵和步兵四处搜索，企图对抗日联军实行凶狠报复。姜墨林发现敌人从后面追来，立即决定改变行军方向，从东北转向东南，向东宁县南部大山转移。当部队到达东宁县西面的二十八道河子时，突然与迎面开来的敌人遭遇，不过一刻，后面的追兵也紧逼而来。敌人把姜墨林这支队伍如铁桶般团团包围住，从四面八方向他们拥了过来。姜墨林临危不惧，当即命令战士们分散突围，激烈的战斗打响了。

由于敌我兵力悬殊，姜墨林意识到很难冲出敌人的包围，于是决定烧毁文件，砸碎电台，与敌人决一死战。他指挥战士们勇猛地向敌人反击，阵地前倒下了一片敌人的尸体，但毕竟寡不敌众，抗联战士们也相继牺牲，只剩下姜墨林和三名战士了。望着战友们的遗体，姜墨林双眼喷射出愤怒的火焰。他手持一挺机关枪，狠狠地向敌人扫射，敌人被他的威猛震慑，暂时退了下去。姜墨林乘着战斗空隙，向身边的战士说："这里有我顶着，你们立即突围出去，每个人都要争取活下来，回去向总部报告。"战士们哪肯丢下姜墨林，都要求留在阵地。姜墨林见他们不肯走，大声吼道："必须服从命令！现在没时间了，你们快走，谁也不许留下！"他正说着，敌人又发起了冲锋，一颗子弹射进了他的腿里，他一面抄起机枪向敌人扫射，一面厉声命令战士："你们快跑！这是最后的命令！"三名战士只好服从，顺着一条水沟向外跑去，其中有两个人，终于活着冲出了敌人的包围，回到总部。

见战友已经走了，姜墨林心里一阵轻松。他手持机枪不停地向敌人扫射，但机枪子弹很快打光了，敌人又冲了上来。姜墨林把机枪扔进了河里，从怀中掏出一支驳壳枪。他沉着地瞄准射击，又接连打倒了十几个敌人。他的枪里仅剩下最后一颗子弹了，几十个敌人已经冲到了他的身边，把他团团围住。姜墨林忍着伤口的剧痛，咬紧牙关从地上站起来，傲然环视着周围的敌人，从容地举起枪，把最后一颗子弹射进了自己的胸膛。就这样，他战斗到生命的最后时刻。

敌人万万没有想到，这位顽强的抗联英雄，竟是这样年轻。他们从姜墨林的衣袋里找到一张纸条，本以为是什么重要文件，急忙打开来看，只见上面用红笔端端正正地写着："中国必兴，日寇必亡！中国共产党万岁！抗日救国胜利万岁！"因没有活捉到姜墨林已经感到恼怒的敌人，这时更加气急败坏，他们残忍地将姜墨林的遗体抛进了二十八道河。

◎ 刘胡兰

刘胡兰，1932 年 10 月 8 日出生于山西省文水县云周西村的一个农民家庭。母亲早亡，父亲刘景谦续娶胡文秀为妻。继母胡文秀积极投身于妇救会工作，并且非常支持刘胡兰参加革命工作。

▲艺术作品中的刘胡兰形象

1941 年，9 岁的刘胡兰上了学，由于连年的战乱，学校不久就停办了，继母胡文秀见刘胡兰勤奋好学，便利用在家纺线的机会，用家里盖面缸的石盖片做石板，用石灰块在上面手把手地教刘胡兰认字、写字。

刘胡兰的祖母经常给她和妹妹爱兰讲苦难的家史和村史，父亲刘景谦经常和乡亲们一起去根据地给八路军送粮食、布匹，他常对女儿说："答应下八路军的事，咱就是拼上命也要完成。"

在艰苦动乱的战争年代，日本鬼子随时都有可能来村子里扫荡。一直坚持斗争的八路军日夜活动在青纱帐里，刘胡兰常随情报员为八路军送干粮，传情报。抗日干部们顽强斗争的精神，使她受到了深刻的教育和熏陶。

1942 年，10 岁的刘胡兰当上了儿童团长，经常和小伙伴们站岗、放哨，掩护抗日干部。在艰苦的斗争中，许多优秀党员和革命战士为革命献出了自己的年轻生命，他们英勇不屈、视死如归的英雄事迹使刘胡兰深受感动，特别是 15 岁的通讯员王士信、武占魁为掩护区长脱险，壮烈牺牲的情景，更使她永生难忘，铭刻在心！

党的教育，先烈的鞭策，使刘胡兰更加无畏地在战争中锻炼成长。1943 年，日寇为了维护其日益残败的局面，拼命地抢粮食抓壮丁，党领导农民针锋相对，开展了抗粮斗争。有一天，日本鬼子又来抢粮食，刘胡兰机智地把敌人引向破坏抗粮工作的地主家，保护了人民的利益。

1944 年夏天，抗日政府决定除掉汉奸刘子仁，刘胡兰知道后，经常注意刘子仁的行踪。一天，刘胡兰在回家的路口看见了刘子仁，马上报告了区干部，协助武工队及时处决了汉奸刘子仁。为当地群众除去一大害，削弱了敌人势力。5 月，八路军伏击了偷袭云周西村的日本侵略军，在战斗中，刘胡兰和青年们主动上前线为八路军送弹药，救护伤员。

1946 年，14 岁的刘胡兰被破格吸收为中国共产党候补党员。1947 年 1 月 11 日，刘胡兰从容就义，年仅 15 岁。

1947 年春天，毛泽东同志为刘胡兰亲笔题词："生得伟大，死得光荣"。8 月 1 日，中共中央晋绥分局做出决定，追认她为中国共产党正式党员，高度评价了她短暂而光辉的一生。邓小平同志题词："刘胡兰的高贵品质，她的精神面貌，永远是中国青年和少年学习的榜样。"

舞台当战场、文艺作刀枪

◎ 以演抗战的儿童剧团

抗日战争全面爆发后，中国各地具有抗日性质的儿童剧团纷纷涌现，有上海的"孩子剧团"、新安旅行团、厦门儿童剧团、重庆儿童剧团、广州儿童剧团等。抗战中他们辗转流亡到各地的城市与农村，到处都传遍了他们的歌声。

1937年八一三事变后，上海市原临青学校歌咏队流离失所的孩子们在学校老师吴新稼的领导下，于9月3日在法租界恩派亚大剧院收容所成立了上海"孩子剧团"。上海沦陷后，他们又奔赴武汉，之后又在河南、湖北、湖南、广东、贵州、四川六省做宣传工作。

1935年成立于江苏淮安的儿童剧团——新安旅行团，在团长汪志达的带领下，足迹遍及上海、南京、北平、兰州、西安、武汉、桂林及蒙古、西北、西南少数民族地区共十八个省份，进行抗日宣传，行程45000公里，被誉为"中国少年儿童的一面旗帜"。

1937年9月，为纪念九一八事变六周年，广州市来自各校的130多名孩子，成立了广州儿童剧团，由中共地下党员谈星担任团长。广州沦陷后，儿童剧团有19人撤离广州，靠演出为生，自筹经费，四处点燃抗日火种。

　　还有许许多多的儿童剧团，活跃在抗战时期的中国大地上。这些剧团中的孩子们，他们用纯真的童心、出色的表演去感染群众，宣传抗日。他们可谓在战火中百炼成钢，起到成年人所起不到的带动作用。正如现代著名作家茅盾所说，他们是"抗日战争血泊中产生的一朵奇花"。

一、上海"孩子剧团"

　　在抗战的硝烟中，有一支特殊的战斗队伍，由一些具有文艺才能、富有爱国热情而又勇敢无畏的孩子们组成，他们的武器是一幕幕精彩的表演，更像是一支抗日文艺宣传队。成员里有的十几岁，有的才七八岁，因此被称为"孩子剧团"或"儿童剧团"。

▲1937 年 9 月，上海孩子剧团成立于法租界上海恩派亚大戏院（后名嵩山电影院）。

　　1937 年 8 月 13 日，日本帝国主义进攻上海，首先轰炸了闸北、沪东一带。这一带炮火连天，许多学校被炸毁，大批学

▲上海孩子剧团团长吴新稼（中）与小团员们

生流离失所，无家可归，只好逃入租界，有些师生同群众一起逃到沪西英租界。有些穷学生无亲友可投，就住到英租界一所设在恩派亚电影院的难民收容所里。他们失去了父母、亲人和师长，但他们不消极，也顾不上悲伤，在收容所里井井有条地开展抗日救亡宣传工作。他们为难民宣传抗战形势，鼓励大家不要害怕敌人，不做亡国奴，要团结起来，有钱出钱，有力出力，把侵略者赶出中国去。一些中小学生主动团结收容所里的其他难童，唱救亡歌曲，自习文化，参加抗日救亡活动。当时党组织派吴新稼在沪东临青学校教书。临青学校是由中国共产党领导的，师生的政治觉悟都较高，校内校外的抗日救亡工作都开展得较好。而这些孩子大多是原上海临青学校歌咏队的，国难教育社党组织得知此事后，便指示年仅 19 岁的共产党员吴新稼去把孩子们组织起来，以便进行有针对性的培养。

同年 9 月 3 日，在恩派亚大戏院（即后来的嵩山电影院，位于今淮海中路 85 号）正式成立了孩子剧团，参加大会的孩子有 30 多人。成立大会上通过了宣言、团歌和公约，选出许立明、傅承谟、张宗元、罗真理、张莺等为干事。吴新稼被孩子们推选为干事长（后改称团长）。孩子剧团隶属上海文化界救亡协会，在党组织的领导下茁壮成长。

▲ 街头剧《放下你的鞭子》

孩子剧团建团初期，在上海街头里弄演出了许多精彩的剧目，如吴雪导演的《放下你的鞭子》《仁丹胡子》《捉汉奸》《街头》等儿童剧，极大地激发了群众的抗战热情。后转战郑州，在陇海公园大礼堂首次公演了吴新稼编导的独幕儿童话剧《帮助咱们的游击队》。随着小团员们的演技日臻娴熟，观众们的反应越来越好，剧团又陆续演出了吴新稼新编儿童剧《孩子血》《这怎么办》《孩子们站起来》，剧团还自主创作了儿童哑剧《不愿做奴隶的孩子们》，甚至创作了成人话剧《打鬼子去》《复仇》《最后一计》。还有李伯钊编、冼星海作曲的新歌剧《农村曲》，都获得了极好的宣传效果。在1941年春，剧团演出了石凌鹤编导的六幕儿童话剧《乐园进行曲》，因揭露国民党的黑暗腐败遭到阻挠，并被迫删去了剧中"刺激人"的情节。"皖南事变"后，1942年12月剧团演出了石凌鹤、张莺等根据张天翼的同名小说改编的五幕童话剧《秃秃大王》，国民党当局又借口此剧影射蒋介石而下令禁演，后经交涉和修改，将剧名改为《猴儿大王》才得以演出。

孩子剧团在它的诞生地上海只活动了两个多月。在这两个多月里，剧团成员克服了服装、道具和演技方面的种种困难。当时环境非常艰苦，大部分孩子文化水平不高，表演能力不足，又未曾受过专门的艺术训练，要排一出像样的剧目实非易事。但办法总比困难多，在党组织的帮助下，小团员们克服了种种客观和主观的困难，虚心去请教戏剧界的前辈，邀请他们来进行指导。剧中会用到的道具，就发动大伙儿从群众家里借用，实在借不到的大家就自己动手制作，倒也其乐融融。比如某出戏里的角色需要两撇胡子，找不到羊毛或毛发来做假胡子，索性就用毛笔蘸墨汁画上两道黑线，效果也还不错。没有油彩，就用微湿的红纸往脸上抹，总之，剧团在非常有限的物质条件下排演了许多高水准的剧目。孩子剧团的舞台是无限宽广的，工厂、学校、里弄、菜市场甚至大街小巷的空地，到处都有他们的身影。

小团员们的演出常常将观众带入戏中情境，有一次，孩子们在八仙桥附近演出《捉汉奸》，生动逼真的表演使得围观的观众群情激奋，当演员高喊"他是汉奸"时，周围的观众愤怒地围上来猛打那位扮演"汉奸"的团员，急得旁边一个小演员连忙跳着高喊："别打了，快别打了，我们这是在演戏呢。"那位扮演"汉奸"的小团员虽然挨了打，却显得挺高兴，他说："这说明咱演得好啊！大家痛恨汉奸真好！"在短短两个多月里，孩子剧团的演出给上海市民留下了很深的印象。

▲抗战时期上海的孩子剧团

1937年11月中旬，上海沦陷，日军大肆搜捕当地抗日志士，地下党员大都准备撤到延安或南方游击区去。王洞若要吴新稼也撤退，因此孩子剧团只好解散了。但是孩子们不愿解散，愿意继续在一起进行抗日救亡工作。可他们留在上海，将会遭受日寇、汉奸的迫害。为了保证孩子们的安全，党组织决定将剧团转移到汉口。王洞若亲自选定19人，加上进步教育家陶行知创办的山海工学团介绍来的3人，共22人一同撤退。

其中大多数十四五岁，最小的只有 8 岁，年龄最大的是干事长吴新稼，19 岁。这就是孩子剧团出发时的阵容。路费是地下党筹集来的，共 300 多元，选定路线是坐英国轮船到南通，再取道镇江、南京去武汉。

从 11 月 18 日开始，孩子们分五批，化装成难民或者扮成别人家的孩子，乘英国轮船离开上海到南通。在南通集合后，正设法西上时，南通的群众和驻在那里的东北军一再要求孩子剧团为他们演出，盛情难却。当时估计国民党军队凭着长江南岸著名"江阴要塞"总能坚守个把月，于是剧团成员住下来，在南通和天生港演出四五天，受到热烈欢迎。

想不到就在这几天里，长江南岸的国民党军队土崩瓦解，日本侵略军已经进抵江阴，从南通到南京的长江轮船已经停止航行。剧团只得由南通取道泰州到达扬州，想不到抵扬州后，日寇已经在进攻南京，只得再次改变计划向北绕行。剧团刚坐上木船，就被国民党的散兵赶上岸来。他们声称要封江，把木船扣押了，剧团只好步行北上。当时正值寒风刺骨、冰天雪地的严冬，敌机还在不断盘旋，一路上充满危险、艰辛无比。路途中，他们根据所经之地的特点和需求举行公演，积极宣传抗日，受到了当地部队和群众的热烈欢迎。只是这些孩子虽然出身穷苦，可是一直生长在南方大城市，没有长途步行过，更没有经受过北方冬天的严寒，再加上路上还有散兵骚扰、盗贼出没，依靠徒步前进究竟能否安全到达武汉谁也不敢保证。可是孩子们都很坦然，毫不畏惧。他们一个个穿戴好，淡定地抬着捆扎好的道具，长途跋涉加之风餐露宿，却无一人叫苦。这一路，跋山涉水，好不容易走到了位于陇海铁路线上的运河车站。一位好心的铁路站长让他们坐进一辆装行李的火车。这样，他们就乘着火车经过徐州，到达郑州。在郑州，经过休整、治病，剧团决定公演三天，受到当地群众的热烈欢迎。

▲1938 年 2 月，邓颖超、张月霞等与转移中的儿童剧团成员在卡车上合影。

　　1938 年 1 月初，当剧团乘坐的火车驶进汉口大智门车站时，他们看见陆维特同志正在站台上迎接剧团全体人员。经过一个多月，奔走几千里，总算又见到党的领导了。陆维特把剧团带到汉口洪益巷培心小学里住下。孩子剧团历经千辛万苦终于到达了武汉，引起了各界人士的重视。有许多学校、机关和文化团体纷纷为孩子们召开座谈会和欢迎会。但是最使孩子们难忘的是十八集团军办事处举行的欢迎会。欢迎会由吴志坚、张海清、彭桂生等主持，这几位都是参加过二万五千里长征的小战士。周恩来、董必武、秦邦宪、叶剑英、邓颖超、叶挺和郭沫若等也都参加了。欢迎会在一间大房子里进行，孩子们被长征小战士从办事处门口引到会场，一个个安排好。一眼望去，墙上贴了各种各样的欢迎标语，长桌和板凳整齐的摆放在中间，还摆了许多的糖果、点心、瓜子和茶杯，令小团员们兴奋不已。小战士们非常热情，又是给孩子们倒茶，又是请他们吃糖果，嘘寒问暖。

▲郭沫若与孩子剧团的部分成员在武汉大学合影

　　欢迎会上孩子剧团的孩子们演唱了几首歌，小战士们表演了在中央苏区和长征中跳过的水手舞等精彩节目，大家暂时忘了战争的残酷，开心得像是回到了自己的家。孩子们唱的《团歌》中有一句"看我们一群小光棍，看我们一群小主人，我们生长在苦难里，我们生长在炮火下……孩子们站起来，站起来，在抗战的大时代，创造出我们的新世界"。《流浪儿》中又唱道："我们都是没家归的流浪儿，流落街头没饭吃！没饭吃！日本鬼子炸毁了我们的家，爸爸妈妈都被杀！都被杀！"如泣如诉的歌声深深撼动了大家的心。郭沫若同志激动地说："今天是我回国后真正最快乐的一天！"他给予了孩子们高度赞扬，并说："我不能再说了，再说我要流泪了。"周恩来同志也不禁悄悄拭泪，随后又高兴地站起来。他先对长征小战士们说："你们是参加了长征的，是经过了二万五千里长征的。可是你们是和我们这些大人一道跑过来的，是我们这些大人保护着你们、抱着你们过来的。可是剧团的孩子呢,他们是一个大人也没有,完全是靠自己团结起来,在敌人的炮火下,在汉奸、流氓的迫害下,跑了几千里来到武汉的。你们要向他们学习哟!"接着,他高度赞扬了孩子剧团的小成员们不怕困难、艰苦奋斗的精神。并鼓励孩子们要一手打倒帝国主义,一手创造新中国!孩子们备受鼓舞,信心倍增。

欢迎会结束后,大家到楼顶平台上照了几张相片,其中一张是董必武、秦邦宪、叶剑英、叶挺等老一辈无产阶级革命家和孩子们的合影。可惜当时周恩来同志太忙,没有参加照相。最后,邓颖超、张晓梅同志安排卡车送孩子们回去。

当时,不少文化名人也热忱关心孩子剧团,如冼星海曾来教大家学唱《游击军》《在太行山上》,茅盾则为孩子们写过一篇《记"孩子剧团"》,其中谈到:"他们来自不同的家庭,不同的省区。他们原来在上海时,只有22位,但是从失陷后的上海偷走南通,又历尽千辛万苦,迂回陇海、平汉两线而到了汉口,非但原班一个不缺,反倒增加了3位……我去参观的那一天,他们正在排练他们自编的话剧《咱们帮助游击队》。这是一个集体的创作。这虽然是一个短短的独幕剧,但故事是又天真而又严肃。"

1938年4月,孩子剧团在党组织的安排下,正式编入了当时国共合作的军委会政治部第三厅,并很快扩展到40余人。由第三厅厅长郭沫若领导,蔡馥生任政治指导员,郑君里任艺术指导员。1939年1月,剧团迁往重庆,分两队到四川各地农村集镇进行抗日宣传,并派出工作队帮助中小学校及儿童保育院排练戏剧歌咏和组织演出。分队演出归来,便集中学习文化、政治及艺术等课程。同年9月,吴新稼调育才学校工作,由共产党员林犁田(许翰如)继任团长。在郭沫若同志的直接领导下，孩子剧团到衡阳、长沙、桂林和四川各地开展抗日救亡宣传工作，先后演出过《孩子血》《这怎么办》《孩子们站起来》《不愿做奴隶的孩子们》《为了大家》《打鬼子去》《复仇》《乐园进行曲》和《猴儿大王》等。在国共合作时期，他们在军委会政治部的领导下，用童颜童语去演绎抗战，唤起民众，用稚嫩的肩膀，扛起民族救亡的大旗。后来，随着情况发生变化，进步人士陆续离开第三厅，孩子剧团的活动也受到很大限制。1942 年 9 月，国民党当局以改组为名，撤换了孩子剧团负责人，使宣传工作处于停顿状态，孩子们纷纷离团，有的奔赴延安，有的到南方参加游击队，有的投考戏剧或音乐学校……在抗战烽火中，孩子剧团不仅以精彩表演激励前线将士的斗志和广大民众的救国热情，而且还培养出了一大批优秀的革命文艺人才。孩子剧团自成立至 1942 年 9 月被迫结束，五年中足迹遍及八个省、市和几十个农村集镇，以戏剧歌咏为武器，动员和鼓舞了广大少年儿童及人民群众抗日斗争的热情，为宣传抗日作出了积极的贡献。

二、新安旅行团

新安旅行团在 1935 年 10 月成立于淮安县河下镇私立新安小学。团员中最大的 17 岁，最小的 12 岁。起初仅 14 个人，在汪达之校长的带领下，以旅行的方式，践行陶行知先生所倡导的"生活即教育，社会即学校"，亦以切身行动实现了孙中山先生"必须唤起民众共同赴国难"的遗训。团员在出发时，行装极简，一身单衣，一双草鞋，一把雨伞及简单行囊，整个团共有 50 块钱和一套电影放映设备、几部黑白无声抗日影片和几十张抗日救亡歌曲的唱片，这些电影放映设备及影片大都是陶行知捐献的。从成立到 1941 年 5 月的将近六年中，他们走过苏、浙、鲁、冀、晋、察、绥、甘、宁、陕、豫、鄂、湘、桂十四个省,上海、南京、北平、天津、武汉、桂林等大城市,行程 37000 里。沿途运用丰富的艺术表现形式积极宣传抗日救国的主张,曾被誉为"中国少年儿童的一面旗帜"。

▲早期的儿童剧团——成立于 1935 年江苏淮安的新安旅行团

新安旅行团演出的戏剧有《儿童舞》《海军舞》《抗日升平舞》《春天的消息》《爱在人间》等,受到百姓和战士们的热情欢迎。在此期间新安旅行团积极吸取民间优秀文化成果,接受正规的演艺训练,前进的脚步从未停止。

1941 皖南事变爆发后,国共矛盾迅速激发,国民党大肆排挤、捕捉共产党人,新安旅行团无法在国统区继续活动。根据周恩来的指示,全团 40 余人分十几批,秘密地从桂林出发,经香港、上海,转移到苏北抗日根据地。第一和第二批团员于 1941 年 5 月到达盐城,其余团员及顾问汪达之也于 1942 年 1 月 8 日全部抵达盐阜区。新安旅行团到了盐阜区,就得到新四军及 3 师领导的亲切接见。

新安旅行团在革命根据地受到军民的热情欢迎,和根据地的人民相互帮助，建立了深厚的友谊。

1942 年 3 月，刘少奇和陈毅一起接见了新安旅行团全体成员。这时候的新安旅行团已有 60 多人，其中最大的 18 岁，最小的还不满 10 岁。刘少奇对他们说，新旅一定要存在下去。你们是一个有光荣历史的革命团体，工作有很大成绩，在国内国外有很大的影响。这是不可多得的。就在这次会见时，刘少奇和陈毅将一个艰巨的任务交给了他们，那就是组织起盐阜区 10 万儿童参加抗战。

1942 年春，新安旅行团派出工作队分赴阜宁、盐城、淮安、建阳、涟东、盐东、射阳等县组织儿童团、少先队，开办了儿童干部训练班，训练儿童骨干。同时，在新四军军部和盐阜区常委、行署的指导下，盐阜区第一个儿童团团章《盐阜区儿童团团章（草案）》便制定出来。在团章（草案）的指导下，在新旅团员的组织下，盐阜区儿童团的活动蓬蓬勃勃地开展起来了，广大儿童团员积极参加各种社会宣传活动，为配合党的中心政治任务，组织了形式多样的宣传队，如秧歌队、腰鼓队等，运用荡湖船、打莲湘、挑花担、快板、合唱、道情、打鼓说书、黑板报、墙头诗、写标语等形式进行抗日宣传。新安旅行团用了两年的时间即组织起盐阜区十七八万儿童参加抗日斗争，超额完成了刘少奇、陈毅交给的组织 10 万儿童参加抗战的任务。平时团员们还会担任大家的"小老师"，开展扫盲识字活动。本着启发式教学的原则，进行实物教学，有时还采用拆字教学法帮助群众识字。

新安旅行团的到来给盐阜区的人民带来了政治上、经济上的改善。在新安旅行团的帮助下，阜宁、阜东等县的小学教师，首先学会了扭秧歌，继而在儿童中逐步推广。1944 年暑假，阜宁县政府召开了 300 名教师参加的秧歌舞研究会。从

1945 年到 1946 年初，盐阜区的秧歌舞运动得到进一步的发展。全区先后成立了 823 个秧歌队，比如长了大胡子的老参议员组成的"胡子秧歌队"，50 岁以上的女性组成的"小脚奶奶秧歌队"。这种生动有趣的舞蹈源于生活高于生活，节奏感强、肢体动作较为简单，易学易会。并且不需要复杂的道具和器材，而且不受场地的限制。在动员和组织群众参加抗战的工作中，新安旅行团作出了极大的贡献。除了秧歌舞，他们还教唱抗日歌曲、放电影、演出舞剧、皮影戏等。在抗日战争和解放战争中，它对于动员教育人民参军支前、斗地主、分田地、参加各项建设、学习文化等各方面都发挥了很大作用。

1941 年夏，在日伪军发动的对盐阜区的第一次大"扫荡"中，新安旅行团参加了反"扫荡"斗争，团总干事张平和苏北分团团长张杰在反"扫荡"中惨遭敌人杀害。

新安旅行团对儿童剧也进行了深入研究，曾在总结抗战儿童剧的专文中提出自己精辟的见解：抗战促进了儿童剧的发展，儿童剧的发展又反过来帮助抗战，鼓舞更多的人加入抗战的阵营中；同时抗日儿童剧存在着公式化的问题，总是汉奸和聪明儿童的斗争，最后儿童获得胜利。新安旅行团还是革命文艺和进步舞蹈的积极推行者。抗战初期演出传播了红军时代流传的《儿童舞》《海军舞》《抗日升平舞》和革命秧歌。1940 年，在吴晓邦领导下，演员进行了正规的基本训练，排演了《春的消息》《爱在人间》等舞蹈和舞剧《虎爷》。他们从民间艺术中汲取营养，创作演出了《儿童解放舞》《花棍舞》《少年进行曲》《参军记》等。

三、长沙儿童剧团

1938 年的 4 月，田海男在田汉和洪深等人的支持下开办长沙儿童剧团，并任剧团团长一职。田海男在剧团成立大会上表示，欣喜地看到如此多人不畏日军的空袭而团结在抗日的旗帜下，剧团将要用演戏募捐的方式获得帮助难童的资金，要将全国的儿童都动员起来。长沙儿童剧团成立初期的成员大多数是来自难民所、保育院的儿童，他们在纷飞的战火中顷刻之间失去了家园和亲人。团员们发誓要用自己的行动支持抗战，在日军频繁轰炸的情况下走遍长沙的每一个角落，一路高举儿童团团旗，唱响激情澎湃的抗日战歌，沿途举行儿童剧的演出，激起长沙人民的强烈共鸣和对日本法西斯的仇恨。长沙儿童剧团成立初期运用街头慰问伤兵、播音等形式宣传抗日救国的主张，并利用课余时间练歌、排戏，精益求精。长沙儿童团的主要代表演出有《中华儿童血》《到大教室去》《炮火中的孩子》《帮助咱们的游击队》等。随着儿童剧团活动范围和影响的不断扩大，逐渐受到社会各界人士的重视，长沙广播电台多次邀请长沙儿童剧团去播音。由于受到长沙儿童剧团的鼓舞，长沙地区又有一些儿童抗日团体陆续成立，并和长沙儿童剧团建立

▲长沙育英儿童剧团合影

了广泛而紧密的联系、合作。在长沙儿童剧团的建议下,长沙地区的众多儿童团体宣布要联合举行盛大的公开演出,为此,长沙儿童剧团的团长田海男在期刊《战时儿童》上发布举行联合公开演出的倡议书,受到新近成立的儿童团体的广泛赞同。长沙儿童剧团为联合公演创作了剧本《中华儿童血》,主题是揭露日本法西斯占领淞沪地区后大肆残害儿童的罪行和表现淞沪地区的儿童顽强的作战精神,联合公演的举行受到社会各界的帮助和支持。

四、厦门儿童救亡剧团

1937 年的 9 月,厦门儿童救亡剧团在厦门成立,发出孩子救国的呼吁。成立之初全团共有 24 名孩子和 3 名成人,其中年龄最小的仅有 7 岁。

▲厦门儿童救亡剧团合影

儿童救亡剧团成立后不久,厦门沦陷,厦门儿童救亡剧团徒步千里来到桂林,沿途举行多场儿童剧演出,扩大抗日阵营的力量。厦门抗日儿童剧团来到桂林后,参加由新安旅行团和上海孩子剧团共同提倡的"桂林儿童星期座谈会"。这是桂林儿童团体每周在固定的场所召开一次座谈会，各个儿童团体的代表简单介绍一下一个星期来团体的工作成绩，并和其他儿童团体交流经验和心得。厦门儿童抗日剧团在桂林逗留的五年里，和桂林其他的儿童抗日团体团结协作，推进桂林儿童抗日运动的蓬勃开展。后来在1944年的夏天，厦门儿童抗日剧团离开桂林来到香港，然后从香港走出国境来到越南、老挝等地，在国外逗留了一年多。难得的是，团员来不及和家人联系也没有领取过政府的资助，仅靠海外爱国同胞的捐资和演出的收入生存下来。转移沿途，厦门儿童救亡剧团进行了数百场的抗日救亡演出活动，传播了抗战的思想。

我军忠勇战士在前线光荣负伤后，到大后方进行治疗和休养。当时，在桂林有不少的战伤医院。厦门儿童救亡剧团为了为伤员服务，特地抽调了团员16人，组织了"伤兵之友"队，于1939年10月27日，前往灵川大坪陆军第七伤兵医院，为伤兵服务的孩子们还与伤员们举行军民联欢会。

厦门儿童救亡剧团对抗战作出的最大贡献在于剧团千里迢迢徒步沿途义演至海外地区，为抗日战士募捐到大量的药品、食物、衣物和资金。厦门儿童救亡剧团来到桂林后，仍然和留在海外的爱国同胞保持联系，把剧团制作的各种抗日书报分发到海外学校和团体，向他们汇报国内抗日战争的情况。厦门儿童救亡剧团是抗日战争期间的值得国人敬仰和回忆的为数不多的抗日剧团之一。

五、昆明儿童剧团

抗日战争全面爆发后，不少高校为避免受到战火的波及，纷纷内迁到大后方，云南省成为内迁高校的主要落脚点之一。高校内迁给云南带来了大量的文化血液，这个时期成为云南重要的转折和机遇时期。云南凭借高校带来的强大文化底蕴在短暂的时间里迅速发展成文化发达的地区。昆明儿童剧团就是在高校内迁给云南带来文化力量的大背景下成立的。1938年，在同济大学和西南联合大学部分学生的倡导下成立昆明儿童剧团，剧团总部设立在云南省文教馆。剧团成立初期没有向政府办理任何登记手续，甚至连成立大会都没有举行，创办者们低调地做着儿童剧团的工作。昆明儿童剧团的建立者们在昆明市各小学遴选在表演方面表现出众的学生，将他们纳入剧团内部，构成剧团的第一批新鲜血液。昆明儿童剧团的建立者们不论天气状况如何，坚持接送剧团的小成员们去上文化课、表演课。昆明儿童剧院的创始人时刻不忘自己文化抗日的使命，向剧院的小成员们灌输抗日爱国的思想。

▲昆明儿童剧团合影

◎ 抗日时期儿童戏剧的发展

一、抗日时期儿童戏剧体现的主要思想

宣扬儿童保育观念、唤起群众对儿童的关注是抗日战争时

期儿童戏剧家创作的重要理念之一。

1931 年我国著名教育家叶圣陶创作了儿童历史剧《西门豹治邺》和《木兰从军》，后来又与其他进步知识分子合作儿童歌舞剧《风浪》和《蜜蜂》。作为中国先进知识分子的叶圣陶几乎在他创作处女作的同时就开始致力于儿童戏剧和童话作品。

董林肯也是抗日战争时期成绩斐然的儿童剧作家，他的儿童教育观主要体现在戏剧活动中。他曾创办专注于出版儿童戏剧剧本的出版社。董林肯主张教育立体化，认为教育立体化有助于儿童理解文化作品、丰富自身的知识库。

1938 年正式进行公演的儿童剧《儿童世界》是著名剧作家熊佛西创作的，充满了鼓舞人心的儿童宣言和浓厚的战斗色彩。熊佛西借助剧中人物的对白表达出要重视儿童的教育理念。

抗战救亡是当时中国人民的主要任务，抗日思想也因此在儿童文化作品中体现出来。抗战时期的儿童剧作品中经常使用现实主义的表现手法，真实地反映残暴的日军对中国儿童的伤害和摧残，从而激起人民群众的义愤，达到宣传抗日思想的理想效果。

抗战时期的经典儿童文化作品《蹄下》选用现实题材，描写了一个法国巡捕在上海租界残忍踢死剃头店中国学徒的故事。剧中人物活生生的悲惨形象激起观众的共鸣。《蹄下》反映了作者强烈的抗争精神，突出体现了儿童剧的战斗性和时代性。抗日战争时期中国共产党领导下的抗日根据地儿童剧团的发展经历了两个阶段，即初始阶段和高潮阶段，1937—1939 年为初始阶段，1940—1942 年为高潮阶段。

抗日根据地出现的第一个儿童剧团是刘定一在中国共产党

的直接领导下于鲁西北的聊城创办的聊城孩子剧团。

二、运用多种多样的方式推广儿童戏剧

当代中国儿童戏剧的推广工作可以从抗日时期儿童剧的广泛传播中吸取经验。抗日战争时期的儿童剧团常常采用"运动战"的演出形式，来到哪里就在哪里举办演出，直接来到人民群众的身边进行儿童戏剧的演出。为了能方便地进行演出活动，儿童剧团的成员们的穿戴和行李往往很简单。在表演的时候用领带颜色的不同来区分演员扮演的不同角色：白领的象征着奸诈之人，红领的代表着革命领导人。

三、利用"群众心理"促进戏剧的普及

抗日战争时期儿童戏剧获得长足的发展，在我国的文学发展史上写下了浓墨重彩的一笔。后人对此产生了疑问：抗日战争那个物资匮乏、朝不保夕的年代里，是什么支撑着一批先进知识分子将生死置之度外，不畏日军的武力威胁，全心全意地进行儿童戏剧的创作和演出工作？这就要联系起当时中华民族的仇日心理来解释了。人们普遍倾向于用群众心理学来解释民族仇恨心理。民族仇恨心理的实质由两方面内容构成：一是结群居住的人必定存在共同的目的；二是群体中的个人之间存在相互的影响和联系。根据群众心理学的观点，在我们民族面临灭亡危险的时候，每个人将受到抗日救亡的共同目标的影响，同时也受到其他同胞群众的影响，然后自觉地走到反抗侵略者、争取民族解放的阵营里，用自己独特的方式参与对日作战。儿童剧团也是如此，在民族抗战洪流的影响下，先进知识分子、爱国儿童等就出于共同的目标组建儿童剧团，用创作和出演抗日戏剧的形式加入抗日的队伍中。

日军发动全面侵华战争，不断挑起事端扩大侵略范围，最终目的是把中国彻底变成日本的附庸国。日本法西斯的咄咄逼

人激起中国人民的激烈反抗，中日民族矛盾上升为中国国内的主要矛盾。日军的残暴行径令中国人民群众感到强烈的不满和愤怒，国内的抗日情绪高涨，人民对于任何抗日活动都积极参与。

◎ 儿童诗——抗日的重要思想武器

中国人民的抗日战争是世界反法西斯战争的重要组成部分，中国战场是世界反法西斯的重要战场。抗日战争中，千万中国人民拿起手中的武器同日本侵略者进行了顽强的斗争，使得日本占领中国的野心破灭。在抗日战争期间，爱国文人用手中的笔作为武器揭露日军对中国人民的残害，唤起中国人民反抗日军的昂扬斗志，反映中国人民的抗日救亡斗争成为抗日战争时期中国文坛的主流。

在深刻描写中国人民 14 年抗战伟大功绩的文学题材中，儿童诗显然是最特殊的一种。抗战儿童诗的内容主要是揭露日军残暴对待中国人民、歌颂在抗日战争中涌现的小英雄、表现中国人民誓死抗敌的决心和对战争胜利的希冀，部分儿童诗具有相当的思想高度。抗战儿童诗的最大特点在于朗朗上口和感情色彩浓烈，儿童诗的这种特点是其成为宣传抗战思想重要文学题材的主要原因。儿童诗就像抗战文学体裁中的轻装战士，篇幅和散文小说相比短得多，但也发挥出揭露日军暴行、鼓舞中国人民群众积极参加抗战的宣传作用。抗日儿童诗是一种艺术美感和社会功能兼备的文学题材。

一、揭露日本法西斯军队蹂躏中国平民百姓的累累罪行

"卢沟桥事变"发生后，我国华北和长江流域的大片国土在日军的蛮横进攻下相继沦陷。日军在沦陷区内主要有以下惨

无人道的残暴行径：屠杀非战斗人员和放下武器的中国士兵、烧毁破坏基础设施、进行奴化教育等。在这种背景下诞生的抗日儿童诗大多采用象征的修辞手法揭露日本法西斯对中国人民群众犯下的累累罪行。

从发展时间和艺术特色入手，20 世纪三四十年代的儿童诗歌可以分为几个阶段来探讨。首先是新文化运动兴起前后至抗日战争全面爆发。这一时期的儿童诗歌整体上有别于五四时期，后者曾在儿童本位的文学观念下，注重娱乐的、表现单纯的童心童趣的非功利性题材与旨趣；而接下来的这大约 10 年，那种"淡泊"的心态却被现实挤压到了边缘化状态。另一方面，这一时期儿童诗歌还存在某种程度的"多元化"：有的注重人格、品德以及爱国主义等方面的教育性，如陈伯吹、陶行知、吕伯攸、黎锦晖等；有的专注于无产阶级的革命性启蒙，如早期的革命先驱及左联人士；还有个别的仍然吟唱着童心童趣，如叶圣陶等。

把儿童作为党的后备队伍来培养和发挥儿童推动革命事业前进的力量，是中国共产党自成立之初就重视的。共产党成立后不久参与了国民党领导的国民大革命，在积极发动工人运动和推动北伐战争的同时在广州、上海、武汉、唐山、天津等地区成立劳动童子团，是我国最早的一批儿童革命团体。劳动童子团的成员主要由农民子弟、工人、儿童苦力、商店学徒小学生以及城市贫民窟里的儿童组成。团员们不但要和普通儿童一样参与日常的学习生活，还要接受政治教育和不断进行操练。与同时期的国统区、沦陷区相比，儿童诗歌创作在根据地、解放区儿童文学中显得更为活跃，它承继了江西苏区的红色歌谣风格，具有鲜明的政治方向性，主题以"革命"和"抗战"为主。根据地解放区为儿童写作的诗人，主要集中在延安与晋察冀根据地。对传统儿歌及民谣等民间文艺形式的借鉴与革新，在延安与晋察冀诗人中均有集中体现。

著名人士吕漠野创作了广为流传的抗日儿童诗《燕子》，通过描绘燕子看到的凄凉战乱景象深刻地揭露日本法西斯犯下的罪行。

二、赞美和歌颂抗日小英雄

抗日儿童诗通常描写悲惨或英勇抗战的儿童形象，小主人公因为作者思想深度和创作侧重点的不同具有不同的特色。

《牧羊儿》描绘一个长期在河边放羊的穷苦儿童的丰满形象，抒发出小主人公因为长期痛苦的生活而萌发出对抗日的强烈向往。

首刊于《冀鲁日报》的抗日儿童诗《小侦察员》，运用老练的文笔勾画出一个假装在河边戏水实际上是在刺探敌人情报的智慧机敏的主人公形象。这首诗被刊登后受到人民群众的广泛传颂，因此被收录进《中国四十年代诗选》中。此诗经过几十年岁月的考验仍然为人们所传颂，证明其为抗日儿童诗歌中的经典之作。

抗日儿童诗《歌唱二小放牛郎》则以通俗易懂的文笔塑造了一个英勇机智的抗日小英雄的高大形象。诗歌创作完成数十年之后仍然在人们的口中传唱着。

强烈的反抗日本侵略者的义愤之情催生了一批优秀的儿童诗作者和大量优秀的反映抗日主题的抗战儿童诗。强烈的义愤之情还把诗歌的寄托情感的功能发展到一个新的高度。儿童诗是诗人抒发情感的重要工具，在抗日战争那段充满硝烟的岁月里产生了至今仍为人所传颂的抒情佳作。例如，《我为少男少女们歌唱》以饱含欢快色彩的笔触赞美不畏强暴、追求光明的青年男女；《敌后催眠曲》描写一个婴儿尚未学会走路就在襁褓中丧失生命，充分表现了战士怀着恨意顽强战斗的无畏精神。这些儿童诗在战火中被创作出来，紧紧把握住了时代的脉搏，具有一定的政治文学性质。诗人创作抗战儿童诗的目的不单是用来缓解自己心中的抑郁、仇恨和不满，同时也是用诗中蕴涵着的坚定抗争信念来鼓舞整个华夏民族的人民要坚持抗战。

三、表现中华子女抗争精神和对中国终将获胜的信心

抗日时期涌现出的大量儿童诗的主要内容不局限于揭露日本法西斯残害中国百姓的丑恶嘴脸和歌颂英勇机智的抗日小英雄，还通过朗朗上口的诗句表现中华人民在日寇的武力面前显示出的不屈精神和对胜利必将到来的满满信心。

例如，被广为传颂的抗日儿童诗《童年》就是反映中华子女抗争精神和对中国终将获胜的信心的典型作品，诗歌以庄严的语言抒发了诗人欲参加对日作战，用自己的力量推动民族解放的远大理想。单从字面上看，《童年》描绘了快乐的童年回忆，而深层面里却潜藏着作者所要表达的对参加抗战的强烈渴望。

新文化时期的儿童诗歌受到先进文人发起的白话文推广运动的影响，开始摆脱了晚清刻意保留的古典诗词的音韵格律。到 20 世纪三四十年代，儿童诗歌进一步倾向五四时期诗歌的自由体创作方式，具有一定程度的散文化倾向，语言追求通俗化、口语化。四十年代儿童诗的"大众化""歌谣化"可看作是"以旧形式装新内容"，这与晚清的"以旧风格含新意境"相似，但前者的"旧形式"主要是对民间文艺形式的借鉴，后者却是对传统诗歌格律韵味的保留，二者的所指是不同的。同时，在"文艺大众化"及"通俗文艺运动"的大背景中，涌现了大批"歌谣化"诗歌作品，儿童诗是"歌谣化"诗歌

的典型。

诗歌是诗人抒发情感的文学载体，文坛历来有"愤怒出诗人"的说法，而抗战儿童诗更是充斥着浓厚的情感色彩。日本侵略者大肆屠戮中国人民、侵占中国领土的行径激起了中国文人强烈的义愤情感，而另一方面抗日英雄纷纷涌现又让文人备受鼓舞。在这样的情形下，揭露殖民者侵略行径的愤怒和歌颂抗日英雄的热情成为中国诗歌创作的两大情感主旋律。

战时儿童保育会

1937 年 11 月 20 日，国民政府宣布迁都重庆（战时陪都），并将统帅部迁至武汉。1938 年南京沦陷后，大量的难童流入武汉三镇，他们大多身着破破烂烂的衣服、面部呈现出不健康的菜黄色，遭受着战争带来的苦难。难童悲惨的状况引起社会舆论的关注，社会各界的仁人志士发出拯救难童的呼吁。

爱国女性对推进战时儿童保育事业发挥了巨大的作用。武汉在南京被日军攻占后成为暂时的政治中心，广大爱国女性也云集武汉。1938 年初，云集在武汉的各党派和无党派妇女建立了隶属于中国妇女慰劳自卫抗战将士总会的旨在救济教育和教育难童的妇女组织：战时儿童保育会。共产党人在战时儿童保育会成立的过程中扮演了重要角色。

在抗日战争全面爆发前，中国国内在西方先进保育思想的影响下陆续出现一些民间儿童保育组织，承担起关怀祖国下一代的重任。民间儿童保育团体通过自己的努力救济了一大批儿童，并唤起了政府和社会各界人士对儿童保育事业的关注。

战时儿童保育会从事的保育事业被海宇誉为"抗战中一件有关最后胜利和民族前途的大事业"①。国共两党和各无党派

---

① 海宇：《八年来儿童保育工作的检讨》，载《现代妇女》第 7 卷第 6 册，1946 年 1 月出版。

爱国人士在保育儿童的旗帜下团结协作，一定程度上让抗日民族统一战线变得更加牢固。1937 年抗日战争全面爆发，战争的开始导致大批无辜的中国儿童遭到凶残的日本军队的屠杀，尸体相藉，惨不忍睹。勉强生存下来的战区孩童被日军送到日伪政权统治地区或日本进行奴化教育，企图同化他们的思想，泯灭他们对中华民族的归属感和认同感。而另外大量年幼的孩童，在战争中失去了父母而成为孤儿，日复一日地遭受饥寒疾病的侵袭，艰难地维持着生命。这些难童，流离失所，无人照养，身心备受日本殖民军队的摧残。

儿童是祖国的未来，需要祖国的支持和栽培才能发展成才。难童问题更需要得到国家的妥善处理，这直接影响到抗日战争的成败。参加抗日救国战争的工作者的子女若是能得到良好的抚养和教育，那么可以消除他们对孩子未来成长的顾虑，让他们心无杂念地投身于抗日救亡的伟大洪流中。

中国历史上曾多次由于天灾人祸而产生难童，但数量都远远无法与由于抗战而产生的难童相比。抗战尚未爆发之时，无论怎样的自然灾害和战乱都只是局部现象，不会产生数量庞大的难童群体。但自从日本帝国主义全面进犯中国后，情况变得大不相同。由于日军的武器装备和指挥技能强于中国军队，我方在多个战场上接连失利，丧失了大片的领土，伴随着日军的进犯而产生了大量的难童。日寇在战区屠杀手无寸铁的孩童，或者杀害孩童的父母导致孩童沦为孤儿。甚至，日军还利用难童来进行其"以华治华"的图谋，将中国大陆的难童运到朝鲜、中国台湾和日本本土进行奴化教育和军事训练，然后再将他们运回中国大陆屠杀同胞。国民政府曾破获日军利用难童组织间谍情报网的案件，日军采用种种手段对中国难童施加暴行或直接加以利用。

▲日军轰炸后上海街头的孤儿

▲1943 年，河北省易县失
去父母的两兄弟

▲孩子试图从被日军摧毁的家园里找到一点吃的

　　抗日大后方由于经济的长期落后和政府重视程度不足，致使救济机构和儿童福利设施发展缓慢，无法完全满足大批量涌入的难童的基本需求。如果不采取必要的措施建设福利设施、发展救济事业,大量难童将会在贫病交加中死在街上。

◎ 战时儿童保育会的成立

淞沪会战后,难民收容所在武汉设立,却没有成立专门收容难童的机构,难童被和成年人共同安置在难民收容所里。由于涌入武汉的难民数量众多以及难民所的基础设施建设不完善,整个难民所里挤满了大量难民,空气潮湿恶臭,阳光也无法照射进去,大量细菌在收容所里繁殖。难童在环境如此差的难民收容所里得不到应有的照顾,在战争中受创的身心也难以得到及时的救护,更别谈教育了。一些难童在难童所里由于感染疾病而离世,更多的难童在环境恶劣的难民收容所里艰难地度日。

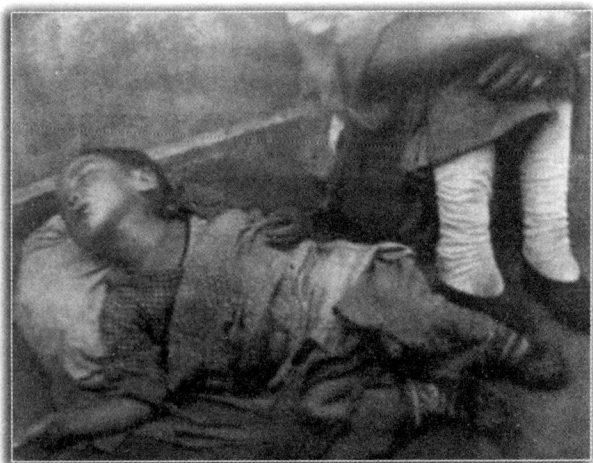

▲淞沪会战中的老人和难童

淞沪会战结束到武汉会战结束的这个阶段里，武汉被当作国民政府的临时首都，成为当时的政治中心。中国社会的政界人士和文化界人士暂时在武汉避难。云集在武汉的社会各界人士，特别是爱国女性同胞意识到儿童是祖国的未来，想要争取民族的独立自由和富强，就不能不保护在日军铁蹄下惨遭践踏的众多难童。毛泽东、邓颖超等人发挥抗日民族统一战线的威力，宣传筹建儿童保育会并在各大报纸媒体上发布文章，从而让"拯救孩子"成为更多社会人士关注的话题。

为了庇护在战火中流离失所、家破人亡的受难儿童，为了留住中华民族未来的希望和人才，在汉口，被称为"妈妈行动"的战时儿童保育会筹备工作有条不紊地进行着。国共两党和无党派爱国人士在会上推举保育会会长时，传出国民党特务机关要破坏抗日儿童保育会成立大会的不利消息，邓颖超为了粉碎特务机关的阴谋和加强救助难童的力度，决定邀请宋美龄出面担任保育会的领导。在多位人士的邀请下，宋美龄欣然接受了出任战时儿童保育会理事会会长一职，特务机关破坏保育会的阴谋也因此而破灭。经过了几个月的紧张筹备，1938 年 3 月 10 日，战时儿童保育会在汉口圣罗以女子中学宣布正式成立。

这项工作是国共两党通力合作的见证，也是伟大的中国女性的杰出成果。这样的战时教育事业是在那个特殊历史时期应运而生的，在中国历史上绝无仅有。八年抗战期间，在极其艰苦的条件下，保育会先后成立了 20 多个分会，60 多个保育院，救助、培养、教育了近 3 万名难童，为抗战建国作出巨大贡献。保育会理事长是宋美龄，副理事长是李德全（冯玉祥夫人），常务理事有邓颖超、孟庆树（王明夫人）、史良、曹孟君、沈兹九、安娥、张蔼真、陈纪彝、郭秀仪、唐国桢、陈逸云、刘清扬、黄卓群等人。

▲1938 年 5 月，中国战时儿童保育会常务理事及部分负责人合影，后排自左至右：孟庆树、刘清扬、唐国桢、沈蕙莲、曹孟君、郭秀仪、史良、邓颖超；中排自左至右：张蔼真、安娥、庄静、宋美龄、谢蓝郁、杨崇瑞、吴贻芳；前排自左至右：黄卓群、吕晓道、陈纪彝、沈兹九、徐镜平、钱用和、陈逸云。

　　儿童是国家的未来，是民族延续发展的希望，但在战争环境下儿童作为弱势群体更易受到伤害。儿童不论出身和地位，都应该受到社会必要的关注，都应当受到教育，才能茁壮成长为国家的栋梁。如果没有重视难童的保育事业，任由难童自生自灭，中国即使获得抗战的胜利，也会出现人才和文化的断层。

　　日军的侵略导致大量难童的产生，急需政府的救助。但由于战争环境和政府财力的影响，政府疲于应对前线的战争，没有及时做好救济难童的工作。战时儿童保育会作为民间组织，率先提出拯救、养育难童的思想蓝图，并将思想付诸行动，切实地救济了大批难童。保育会的工作减轻了政府的福利负担和难童的家庭压力，间接支援了抗日战争。

◎ 战时儿童保育会的发展

战时儿童保育会成立后积极开展拯救难童的工作，鉴于中国国土辽阔、人口众多的国情，保育会先后在各个地区成立分会，在武汉的战时儿童保育会遂被称为"总会"。总部和各地的分部积极成立保育院，除了一些处在沦陷区或偏远地区外，其他的大部分保育会都在所负责的地区成立儿童保育院。战时儿童保育会总会之下设有四川、成都、广东、广西、湖南、江西、浙江、贵州、福建、陕西、山西、陕甘宁边区、香港等 13 个分会，各分会下又辖有数目不等的保育院收容难童。

战时儿童保育会的筹备和成立受到了国共两党的支持，国共关系的变化势必会影响保育会的发展进程。后来随着国共矛盾的激发，国民党在保育院中排挤共产党员，实行不利于共产党势力在保育院中发展的人事安排政策。

1941 年，国共矛盾白热化造成"皖南事变"，国民党对保育会实行改组，目的是排除保育会中的"赤化"分子。战时儿童保育会的理事和保育院负责人只有邓颖超、孟庆树二人是公开的共产党员，其他大多人隐藏了自己共产党员的身份。国民党在没有调查消息可靠性的情况下，对传言有共产党员嫌疑的保育院人员作出辞退或调职处理，一些一直兢兢业业工作的工作人员就此离开保育院。政治上的冲突波及教育界，战时儿童保育院的工作一度停滞，直一院和直二院甚至因此而被迫解散。

▲宋氏三姐妹看望保育院的孩子们

面对国共两党的政治摩擦，战时保育院的理事长宋美龄采取了较为中立的态度。虽然从政治立场上来考虑，宋美龄希望国民党的力量能在保育会中独大，但又不想看到儿童保育事业因为党派纷争而中断甚至倒退。由于当时在保育会中工作能力出色、能胜任艰苦工作的工作人员大都是共产党人士，宋美龄为此只好采取中立的态度，从而减少政治因素对保育会正常工作秩序的影响。虽然国民党在保育会中大力排斥共产党员，但由于宋美龄在一定程度上默许了共产党员在保育会中的存在，国民党反动力量最终没有对战时儿童保育会造成无法恢复的破坏。

▲朱德与陕甘宁边区战时儿童保育院的孩子在一起

◎ 战时儿童保育会的管理

一、战时儿童保育会保育院的设施

战时儿童保育会所创办的儿童保育院大多选址在中小城市或者农村地区，即使偶尔在大城市开办儿童保育院也往往将主体建立在远离市中心的郊区地带。这样选址是由当时客观条件所决定的：一是大城市往往是日军空军轰炸的重点目标，而选择在农村或者中小城市有利于避开敌空军的轰炸，保证保育院儿童的安全和基础设施免于遭到破坏；二是中小型城市和农村地区的生活费用相对较低，正好满足资金紧张的儿童保育院的需求。

　　总体上看来，保育院的基础设施比较简单。原因有二：一是战火的蔓延和战争导致的社会动荡决定了战时儿童保育院往往要经历多次的搬迁；二是战时儿童保育的资金等客观物质条件有限，完全建立新的院舍是不切实际的，大量保育院往往在原民间庙宇、学校或旧有保育机构的基础上进行扩充建设。

　　大多数战时儿童保育院在战火四处蔓延、资金紧缺的情况下仍然坚持在合理的范围内置办应有的设施。战时儿童保育院的基础设施不但可以满足儿童的物质生活所需，而且可以为儿童的课余生活提供丰富的用具和场地，为儿童参与职业技能训练提供了必要的物质条件。除了基本的办公室、寝室、教室等必备设施外，保育院还设置了疗养室、诊疗室、图书室、农场、劳作室等。抗战时期的保育工作是复杂的，与以往的儿童普通教育工作存在较大的不同点，没有经验可以学习和借鉴，一切都要靠保育会自己去实践和摸索。

　　曾经担任过儿童保育院院长一职的教育家罗志祥坦言，他曾受过专业的师范教育而且拥有丰富的担任初等教育和中等教育教师的经验，也懂得如何胜任教育机关行政人员的职位，但却在日复一日年复一年的枯燥的教学生涯中丧失了教学的激情和兴趣。直到参与保育院的儿童保育工作后，才发现中国教育界原本一直使用的教育理论和教育方法是经不起推敲的，是需要变革的。战时儿童保育会和保育院在进行难童的保育事业的同时不断探索新的教育理论和方法，并取得了一定的成果。

　　曾担任保育会的保育主任和保育院院长职位的曹孟君在首届保育会院长会议上反映：儿童保育会和社会上一般的孤儿院以及寄宿制学校是不一样的，所以不能将创办孤儿院和寄宿制学校的经验成果直接应用到战时儿童保育事业上。战时儿童保育院适应战争的特殊情况，同时扮演了教育机构和家庭的双重角色。要想在中国办好保育事业，在长时间的实践中形成完善的新的儿童保育理论是迫切需要的。

在多年的保育工作中战时儿童保育会从无到有、从不完善到完善，探索出一套特有的战时保育体系，这套体系既有别于一般的孤儿院和学校的教育，又和普通的慈幼组织保育有着较大的区别。

二、战时儿童保育院的组织制度

保育会的组织结构为垂直管理模式，从上至下的三层管理机构分别是总会、分会、院。分会接受总会的绝对领导，总会拥有对分会的领导权、监督权和管理权；分会定期向总会作工作汇报，总会安排分会的工作。理事管理制度被总会和分会采用，理事会是战时儿童保育会的最高领导机关。总会以宋美龄为理事长，与其他30多名理事会成员共同构成战时儿童保育会的核心领导层。分布在各省的分部主要负责人往往由各省主席夫人担任，对省区内的保育院进行直接管理。常务理事会下设的秘书处和各个委员会是保育会总会最早的组织结构模式，这样的组织结构模式在救护难童、筹集经费等工作中发挥了重要的作用。但这样的组织结构模式同样存在着难以克服的弱点：各委员会管辖范围划分不明晰导致互相推诿的现象、秘书处工作效率较为低下等。为了提高工作效率，保育会不断对组织结构模式进行改革和完善。总会将原来的秘书处和委员会改组成三科两室，较大地提高了工作效率。保育院是战时儿童保育会体系内的底层机构，同时也是最直接负担起儿童保育工作的基层机构。

▲中国战时儿童保育院负责人合影，前排左二为邓颖超。

三、战时儿童保育会的经费来源

战时儿童保育会作为旨在拯救、保育难童的战时机构，需要在大笔经费的支持下才能正常运作，"每个孩子平均每个月的教养费都是5元，2万个孩子一个月的费用需要10万元的支出，一年要120万"[①]。由此看来，单单抚养难童的费用就是一笔巨资，如此巨大的数额如果完全依靠政府拨给预算，将会是政府财政的一大负担。

战时保育会理事会成员主要采用两种方式获得保育儿童所需要的大额资金：一是政府拨款；二是发动海内外广大爱国同胞捐款支持儿童保育事业。在这两项资金来源中，海内外同胞

---

① 曹孟君：《如何保育我们的孩子》，载《妇女生活》1938年第11期。

的踊跃捐款占了大部分，体现了中华民族对儿童保育事业和抗日事业的热心和支持。

在政府拨款方面，由于战时儿童保育团多位理事会成员是国民党高层人士的夫人，争取政府的拨款补助还是比较方便的。由于当时政府财政预算的大头都拨给军方作为持久抗日的资金基础，在改善民生方面政府的拨款就显得不足了，所以只能拨给战时儿童保育会小部分经费，其他所需经费就需要战时儿童保育会自行想办法筹集了。

同情中国革命的外国友人和爱国的海内外同胞纷纷对战时儿童保育会施以援手，积极向儿童战时保育会捐赠资金和物品。例如美国总统罗斯福就曾向保育会捐赠大量布匹。

◎ 战时儿童保育会的教育

"假使收容来的儿童只有保养而无教育，或教育而不是针对抗战建国的目标，那就失去了创办保育会的意义。"[1] 总的来说，战时儿童保育会采取了保教结合的儿童教养方针，不仅在物资上向难童提供住宿和吃穿所需物资，而且注重对儿童进行智慧开发和文化教育，培养中国儿童的爱国情操。因此保育会针对难童建立了较为完善、系统的教育体系，注重难童的"德智体美"全方位发展。

战时儿童保育工作从诞生的开始就和挽救民族危亡、争取民族独立的爱国主义斗争紧密联系在一起，体现了中华民族"以人为本""慈幼"的优良传统品德和伟大的人道主义精神。

---

[1]　全国妇联编：《抗日中的烽火摇篮——纪念中国儿童战时保育会文选》，中国妇女出版社1991年版，第16页。

▲重庆战时保育院开设的防空避难课

▲战时儿童保育院的儿童在操场运动

其儿童保育理论主要是以下几点。

一、大爱无疆，坚持和保育结合的教育方式

难童受战乱的影响，心理上留下了较大的阴影，常常会感到内心煎熬和痛苦，所以需要保育员采用与和平环境时不相同的教育方式，用爱的雨露滋润难童的心灵。儿童保育院规定保育员不能一味用打骂的方式教育儿童，必须用温柔的劝说方式来教育儿童，用真诚的心来感化在战争中受到心灵创伤的儿童，让他们敞开心胸来热爱这个世界。保育院创造性地提出保教结合的教育方式，变革原本只关注儿童生存的物质条件的片面教育方式，让难童获得身体和心理上的全面的健康的发展。

二、培养儿童的集体意识、爱国精神和热爱劳动的情操

战时儿童保育会和保育院考虑到国难当头的战争环境，将儿童的保育工作和抗日斗争联系在一起。首先，把爱国教育作为儿童教育的不可或缺的重要内容，时刻不忘向儿童揭露日本侵略者的丑恶罪行和灌输爱国主义思想，培养儿童不怕牺牲、勇于抗战、为民族解放而战的精神。在教学内容上，保育院贯彻的是战时教育，尽量引用与抗战相关的实际问题，并特别注意在儿童中间树立清晰的抗战意志。渐渐地，一些年龄较大的孩子们开始对时事问题关心起来，有了较强的时局敏锐性。对日军的仇恨和对保育院的感激促使保育生们在长大成人后往往主动参与对日作战。其次，鼓励儿童多参与集体活动，养成集体意识。在团体活动中对儿童进行教育，让儿童在集体生活中逐渐形成良好的生活习惯，克服个人弱点。最后，让儿童在劳动中进步。出于对当时经费紧张和劳动有利于儿童身心发展的考虑，保育院提倡儿童应该在生产中学习，在学习的过程中从事生产。劳动教育有利于儿童的全方面发展，缓解保育院经费

紧张的问题，培养儿童热爱劳动的精神。保育院儿童在参与生产劳动的同时收获了快乐。

▲吉安难童保育教养院的课堂上

战时儿童保育院的工作原则，采用了最经济合理的方式保育儿童，尽量减少不必要的浪费；采用考试制度对参加教育后的儿童进行考核，培养儿童干部。

从战时儿童保育会的成员结构中可以看出保育会的性质：首先，战时儿童保育会是中华民族广泛的抗日合作团体，战时儿童保育会理事会的成员涵盖国共两党成员和无党派分子、著名教育家、爱国女性等，是国共抗日民族统一战线建立后形成的广泛的群众组织，具有全民族抗战、反法西斯的性质；其次，战时儿童保育会是一个妇女组织，女性是战时儿童保育会的重要发起者，也在保育会的理事会组成成员中占很大比重。

战时儿童保育会卓越的成绩受到国际友人和爱好和平的国家的
一致好评，提高了中国在国际反法西斯阵营的声望。

◎ 战时儿童保育生们的生活

战时儿童保育院成立于硝烟弥漫的岁月，并成立抢救队开
赴战争前线，在枪林弹雨的战争环境下不顾生命危险抢救出一
大批难童，将他们运送到大后方安置。

战时儿童保育会以建立保育院的形式，对安置的难童进行
教养。总会为保育院收容难童制定标准，并拨给一部分的经费
支持保育院的运作。刚收容进保育院的儿童大多体质虚弱、身
患疾病，为此保育院承担起为难童提供膳食、治疗疾病的
重担。

战时儿童保育会将儿童的生命安全放在保育工作的第一
位。战时儿童保育会在成立后的首次理事会上作出建立儿童保
育院和成立难童抢救队伍的决定。保育会的高层领导以身作
则，带领儿童抢救队伍来到战争前线进行拯救战争难童的工
作。抢救难童的行动主要在三大中心地区进行：浙江金华、湖
北武汉、广东韶关。抢救难童的队伍常常要带领被抢救出来的
难童们在枪林弹雨中突破敌军的包围。

随着战争范围的扩大，日军开始对武汉进行多次的轰炸行
动，于是国民政府进一步迁移到远离战火的大后方重庆。战时
儿童保育会采取措施帮助武汉地区的难童。但保育会在展开工
作的过程中却遇到了原本没有预料到的难题：出于对保育会的
不信任和儿童应该留在父母身边的传统文化的影响，难民宁愿
让儿童跟随自己受苦受累，甚至受饥寒而死，也不愿意将自己
的孩子交给儿童保育会照管。在这种情况下，战时儿童保育会

▲武汉沦陷前夕，武汉战时儿童保育院师生在赴四川的江轮上。

的儿童对难民做思想工作，希望能说服儿童的亲人把儿童交给保育会来保育。保育会用事实说话，将汉口第一临时保育院开放让群众参观，让难童的亲人相信把孩子交给保育会抚养会是正确的选择。这些行为取得了不错的效果，人民群众意识到孩子待在保育会里能得到更好的养育。大量的难童被送到武汉的保育院里，然后再由保育院的工作人员将这些难童运送到相对安全的后方的保育院。

难童在被保育院收容时会进行体检，根据体检医生的反映：在被保育院收容的众多难童里几乎找不到没有疾病的，平均每个难童患有两种疾病。为了防止难童再次受到细菌和病毒的感染，保育院的工作人员定期给难童洗澡、换衣、剪发，并对换洗的衣服进行严格的消毒处理。在保育院工作人员的努力下，保育院里的难童所患的疾病基本得到清除，保育院里的难童的死亡率很低，几乎都能正常成长。

由于长期得不到食物的保障，体质虚弱和贫血是初进保育院的儿童的普遍特征。保育院在资金紧张的困境里仍然坚持给难童提供营养成分高的食物，以改善他们虚弱的体质。每个保育院的经费都由战时儿童保育会的总会进行合理调配，总会不但会给保育院分配儿童的生活费用和教育费用，还会分配医药卫生费。医药卫生费包括医疗费、卫生费、营养费。总会要求营养费要用来选购营养成分较高的食物来供给儿童。有的保育院还根据儿童的身高体重和年龄对儿童的食物进行科学合理的分配。当时的战争条件下，食物和衣物价格高涨，保育会资金紧张，但仍然想方设法给儿童提供足够的衣食，保障他们在成长过程中获得所需的营养。

▲ 保育院的孩子们

被安置在保育院中的难童们在经历过战争后都分外珍惜这来之不易的安定生活，努力学习，争取能为民族解放尽自己的一份力。一般小学毕业的保育生有两个去处：进入中学继续学习，或进入工厂学习技术和工艺。

▲1940 年保育院演奏口琴的孩子们

保育院里的孩子们来自不同的地方，但几乎有着同一种遭遇。他们当中有的已经家破人亡成了孤儿，有的家人正在战场上奋勇杀敌，有的家乡正遭受炮火洗礼。在遭受了残酷的践踏后，这里给了他们暂时的安宁，并且得到了国家的养育。这里的孩子们完全过着集体生活，平日的课程基本是把教育和实际生活紧紧联系在一起。孩子们自觉自助地进行阅读，相互探讨，彼此照顾，养成了一种良好的团结互助的习惯。

平日里保育院的老师们常组织孩子们举行讨论会、演讲和辩论的竞赛、歌咏话剧的公演，定期出版墙报，稿子基本由孩子们自己完成。4 月 4 日儿童节，保育院会举行各种纪念活动，几十里远的村民的孩子都坐了牛车，全家大小一齐赶来参加。在保育院所在地周围，院中的儿童渐渐结识了附近大批的孩子们，并把他们也组织了起来。

▲ 延安洛杉矶托儿所的孩子们外出散步

抗战时期由于物质条件十分困难，许多保育院不得不将教室宿舍零星地散布于村子的百姓家里。学习用的桌椅板凳也大多是临时借来拼凑而成，高矮不一。住宿的条件也比较艰苦，床上铺着简单被褥，有的地方可能要几十个人一间屋子，几个人共有一床棉被。学习用的书籍更是来之不易，文具纸张也无法每人齐全。

更使人感到苦恼的是孩子们容易遭到传染病的侵袭，比如疥疮，传染极其迅速，又因为孩子们高密度的住宿和有限的卫生条件，使得病菌异常猖獗。

◎ 战时儿童保育会使命的结束

抗日儿童保育会是伴随着抗日战争的爆发而成立的，同时也伴随着战争的胜利而结束其神圣的使命。1945 年 9 月 15 号日本宣布无条件投降，中国的八年抗战最终迎来了胜利，抗日儿童保育会也随之发起了儿童复员的工作。

保育会儿童的复员主要有三种方式：一是让难童的亲人来将难童领回家教养，这种方式适用于家庭没有被日军完全摧毁的难童；二是呼吁社会上有一定经济能力的人士领养难童；三是联系政府相关部门，将难童交予社会部开办的育婴院抚养。

几十年来，广大"保育生"受到国家的良好教育，成长为国家栋梁，他们中有工、农、医工作者，诗人、作家、艺术家、理论家……保育生们还相互联系，共同出版《保育生通讯》《摇篮》等刊物。

战时儿童保育院院歌

安娥词　张曙光曲

我们离开了爸爸，我们离开了妈妈，

我们失掉了土地，我们失掉了老家。

我们不依赖爸爸，我们不依赖妈妈，

我们失掉了土地，我们失掉了老家。

我们的大敌人，就是日本帝国主义和他的军阀，

我们要打倒他，要打倒他。

打倒他，才可以回到老家，

打倒他，才可以见到爸爸妈妈。

打倒他，才可以建立新中华。

我们的好朋友，来自日本军阀的轰炸下，

我们要帮助他，要帮助他。

帮助他，一起来打回老家，

帮助他，一起去看望爸爸妈妈，

帮助他，一起来建设新中华。

反儿童奴化教育

　　在艰苦卓绝的抗战时期，中国的少年儿童流离失所，饥寒交迫，连生存都很困难，只有极少人能得到读书的机会。然而对于儿童教育，无论在多么艰难困苦的时代，都不应该无视，使之荒废。因为儿童成长需要精神食粮。他们读什么书，受什么教育，往往决定了他们一生的发展方向。而抗日战争时期，国共两党同日本帝国主义进行了艰苦卓绝的反奴化教育斗争，提高了人民群众的民族意识和思想文化水平，奠定了抗日战争走向胜利的思想基础，中国人民的反奴化教育斗争是另一个没有硝烟的战场，而这个战场上，受最深远影响的依然是我们的孩子们。

　　抗日战争爆发后，为配合军事斗争，适应抗战所需，也为了抵制日本的奴化教育，大家积极献计献策，形成了强劲的战时教育思潮。1938 年 6 月 26 日，毛泽东为《边区儿童》(半月刊) 的题词中教导说："儿童们起来，学习做一个自由解放的中国国民，学习从日本帝国主义压迫下争取自由解放的方法，把自己变成新时代的主人翁。"1942 年 "四四" 儿童节时，又为《解放日报》题词："儿童们团结起来学习做新中国的新主人。"朱德在为晋东南武乡县王家峪儿童团题词中指出："斗争与学习缺一不可。"蒋介石亦提出："我们切不可忘记战时应作平时看，切勿为应急之故而丢却了基本，我们这一战，一方面是为争取民族生存，一方面就要于此时期改造我们的民族，复兴我们的国家，所以我们教育上的着眼点，不仅在战时，还应该看到战后。"十年树木，百年树人。当年中国的战时儿童，正是未来新中国的建设者。反奴化斗争给正在艰苦抗战中的人们打开了一扇儿童教育的新窗口。

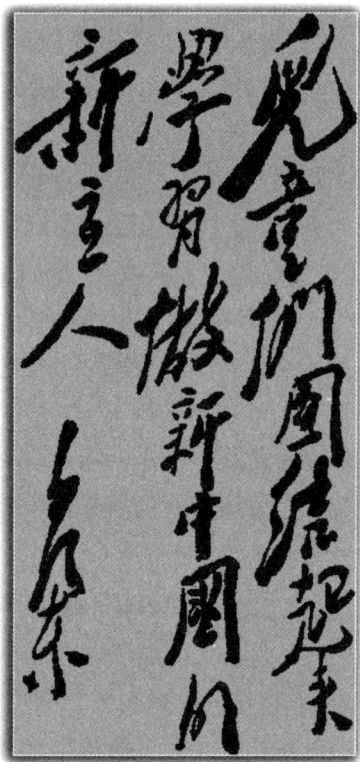

▲毛泽东题词：儿童们团结起来学习做新中国的新主人

◎ 奴化教育的表现形式

日寇为了使中国沦陷区殖民地化，在积极扶植傀儡政权的同时，还通过其他多种政策来奴役中国人民，借以收"以华治华"之效，从而补充其军事占领之不足。为此，日寇特别强调"宣传教育"的作用，在其大本营秘密颁发的《对支那宣传策略纲要》中把"宣传教育"——奴化教育提高到"战略"地位。日伪精心组织的奴化教育主要有以下三个方面的表现。

一、培养具有"王道主义"精神的顺民

日军在抗日战争期间占领了中国大范围的领土，但日本法西斯在中国推行的殖民政策却不断受到人民的抵抗，为此日本法西斯决定从精神上将中国人民彻底征服，在占领区大力推行奴化教育政策。日本法西斯对中国传统礼教思想进行殖民化和奴化，并标榜"王道""王道主义"来欺骗沦陷区的中国人民。伪满洲国政府在日本法西斯的暗中操控下，将"王道主义"内容写入《建国宣言》，以此作为伪满洲国的"立国"宗旨。日本佐藤三郎机关的骨干成员引述"大学之道，在明明德，在亲民"中的"亲民"来解释"新民"，不仅设立各种新民学院，还成立了"新民青年实施委员会"，专门奴化青少年。该委员会下分小学组、中学组、大学组，经常开展以"新民会使命""新民青年"为题的讲演与作文比赛，向青少年大量灌输所谓的"新民精神"。

二、成立伪学校，编纂伪教材

日本在侵占中国东北三省的过程中对东北原有学校教育进行了疯狂的破坏与摧残。日本侵略者曾蛮横地宣布停办所有的学校，借口是"中学校为排日干部之养成所""成了排日之地方的轴心"① 等，严重地摧残了沦陷区的中等教育。对大学而

---

① 毛礼锐、沈灌群：《中国教育通史》（第五卷），山东教育出版社1988年版，第390页。

言，日本帝国主义在侵略东北后，在其占领初期，以教育经费有限为借口停办了相当多的大学：除了东北大学、冯庸大学、交通大学迁往关内而幸免于难，其余大学全部被封闭。在1937年全面侵华战争爆发后，据《大公报》10月20日的文章，日本侵略者对我国各级学校大肆轰炸破坏，大学已有23所被毁。伪政权建立后，他们就开始改组大学，在北平把北大、平大、师大合并为"北京大学"，创办"新民学院"。重施伪满洲国成立"大同学院"的伎俩，大量聘用日本教员，将大学作为高等汉奸培养所的同时还大力发展实业教育，培养发展殖民经济、掠夺经济资源所需的大批技术人员。

▲日军在占领区实行奴化教育

日伪政府为了贯彻落实日本法西斯制定的奴化教育政策，对原本学校通用的教材进行大幅度的改编，在其中加入了大量宣扬"中日和善"和"大东亚共荣圈"的内容，并扫除教材中任何与"三民主义"和"抗日思想"相关的内容。日伪政府还打着复兴儒学的旗帜，将奴化后的传统儒家思想融入伪教材中。日伪政府编纂的伪教材只涉及日本及所占领地方的文化、历史、地理，只字不提中国的文化、历史、地理，甚至在教材中删除了"中国"这一概念，其篡改历史、竭力推行奴化教育政策已经达到了无以复加的地步。

语言是一个民族文化的重要标志，日本侵略者将推行日语教育、用日语教育取代汉语教育作为奴化教育的重要措施。

首先，日本侵略者和其在神州大地上扶植的日伪政权不断采取措施加大日语课程在学校日常课程中所占的比重，日语课逐渐在学校课程中占据突出的地位。其次，日伪政府大力开设推行日语文化侵略的教育机构。

▲日本侵略者强制推行日语教育，定日语为满洲国国语，强迫小学生学习。

三、对教师及社会人士实施奴化教育

日本推行奴化教育政策的主要目的在于腐蚀中华民族抗日的斗志、瓦解民族文化和民族精神。基层教师扮演着传道授业者的重要角色，要想对中国儿童实行奴化教育，首先从教师开始。

日军对学校的教员采取比较严格的监控措施：将日籍教师派驻到各个学校，由他们掌控学校的教务并监视华籍教员的言行举止和思想是否存在反日的倾向；中国教师要加入伪新民会，受日本的统一训练；暗中派遣精通汉语的日本人混入中国学生中作为间谍；取缔所有原先的校园团体组织，取消一切的课外自由活动，强迫学生和教师们参加具有浓厚日式文化色彩的节日活动、游行和典礼。

日本曾在东北地区召集大部分的中小学教师，对他们进行再教育，以期将教师改造成他们实行奴化教育的重要傀儡工具，从而将学校打造成儿童洗脑奴化的主要场所。

日本法西斯在推行奴化教育的过程中对传授文化知识、培养道德品质、启蒙青少年民族意识的进步教育工作者和爱国教师进行血腥镇压。

日本侵略者强迫占领区的非日籍教员学习日语，因为在日本的奴化教育中，教师发挥着重要的作用。伪政府在日军的授意下开设日语学习班、日语讲习会强迫中国教员学习日语、使用日语，如有不从者，则难以避免丧失性命的危险。

日伪政府将日语作为教师和官员选聘的考试科目，日本企图将学校改造成推行日语、实行奴化教育的主要场所，也企图将伪政府牢牢地掌握在自己手中让其成为推行奴化教育的傀儡。

日本法西斯利用多种媒体途径在社会上进行广泛的奴化教育宣传。沦陷区陆续办的多份汉奸报纸，在日本帝国主义的唆使下叫嚣"共存共荣""和平反共""中日提携""王道乐土"等谬论。1937年组建了"满洲映画协会株式会社"，摄制了许多的"启民电影""时事电影""娱乐电影"，向中国人民大量灌输军国主义思想，美化日本侵略者。而且"新民学会"还组织了新民图书馆、新民教育馆、新民识字班等各种社会团体，向中国人民大肆灌输奴隶"文化"。因此，通过这种广泛的宣传形式，日本帝国主义的社会性奴化宣传显得非常嚣张。

日本设立东京兴亚院指导部作为在中国实施奴化教育的最高指导机构。在扶植的伪政权中也成立伪教育部来指导奴化教育，各大伪政权都成为奴化政策的推手。

◎ 日本在华奴化教育的地区性差异

抗日战争时期日本法西斯在中国三大地区实行奴化教育：东北地区、华北地区、台湾地区，在这三个地区奴化教育达到了不尽相同的效果。按照奴化教育造成的思想腐蚀影响大小排序，依次分别是台湾地区、东北地区、华北地区。

日军在和清朝签订《马关条约》后迅速对中国台湾地区进行军事占领，同时推行奴化教育政策。日本对中国台湾实施的奴化教育主要经过两个阶段："同化阶段"和"皇民化阶段"。日本法西斯在"同化阶段"主要采用大力提倡用日语教育取代汉语教育和差别教育两种手段对台湾地区儿童进行奴化教育，体现了日本殖民者自认为是高等民族和歧视中华民族的心理，因而其奴化政策受到台湾民众的强烈反对，没有产生日本法西斯所预期的效果。抗日战争全面爆发后，日本法西斯采取措施加强对台湾地区的控制力，以将台湾地区完全纳入其战时经济政治体系，为其发动和持续战争提供人力物力上的支持。日本法西斯改变在台的奴化教育政策来应对新的战争形势，台湾奴化教育进入"皇民化阶段"。这一阶段，日本法西斯在中国台湾大力推行覆盖面更广、影响更加深远的奴化教育政策，严重腐蚀了台湾人民的爱国思想。

▲20世纪40年代初，台北一所高校升起日本国旗。由于中日战争日趋白热化，日本总督府加紧在殖民地台湾贯彻"皇民化"政策，透过一些优惠措施鼓励台湾人民废除汉族姓氏，改日本姓氏。

日本侵略者在东北地区推行奴化教育同样分为两个不同阶段。第一个阶段是破坏东北地区原有的教育资源、教育秩序，第二个阶段是利用伪满洲国来建立与日本殖民体系相适应的奴化教育体系。日本法西斯在占领东北地区后扶植受其控制的伪满洲国。伪满洲政府教育部颁布一批法规、文件和条令并在各大院校强制推行日语课程，目的是从思想上奴化中国东北居民。伪满洲国在日本法西斯的授意下推行奴化教育可谓不遗余力：将日语和满语定为伪满洲国的官方语言，极力排斥汉语，增大日语课程在学校日常课程中所占的比例，强迫教员向学生教授日语，把日语作为毕业考试的考核课程之一。伪满洲国充当日军文化侵略的急先锋，在整个东北地区强制普及日本殖民文化。日本殖民者在东北地区推行的奴化教育在短时间内造成了比较明显的负面影响，但在日本战败后这种负面影响只持续了较短的时间。

▲日军在东北推行奴化教育使用的教材

日本法西斯在占领华北地区后支持汪精卫建立汪伪政府。汪伪政府采用一系列的手段对华北地区的中国人民实行奴化教育：加强对日语教师的培训、在各地区组织亲日活动、将日语水平作为学生学习成果的考核标准之一、大范围设立使用日语授课的院校、将日语提高到学生必修课的地位。日本法西斯虽然费尽心思大力在中国华北地区推行奴化教育，但实际上日本在华北地区推行的奴化教育政策对华北人民思想造成的影响是比较小的，其后期影响力微乎其微。

◎ 中国共产党的反奴化教育斗争

党的伟大领袖毛泽东就曾指出，日本军国主义灭亡中国的主要手段分为物质上和思想上的，"在精神上，摧残中国人民的民族意识。在太阳旗下，每个中国人只能当顺民，做牛马，不许有一丝一毫的中国气"。随着侵华步伐的加快，日本妄图永远侵占中国领土和人民的野心已是"司马昭之心，路人皆知"了。

抗日战争爆发后中华民族面临着关乎民族生死存亡的危机，爱国情感深厚的共产党人义无反顾地投入到反对日本侵略者、争取民族独立自由的伟大的抗日战线中，发挥着中流砥柱的积极作用。日军不仅使用经济、政治和军事上的各种手段来逐步实现其独占中国的妄想，而且针对中国人民群众反抗精神和抗争意识强烈的突出特点推出臭名昭著的奴化教育。中国共产党站在广大人民群众的立场上努力地进行反对奴化教育的斗争，采取了正确的斗争策略和灵活有效的战略手段，有力地抵挡住日本帝国主义奴化教育对中华儿童精神的侵蚀。中国共产党的反奴化斗争为取得抗日战争的胜利奠定了思想文化的坚实基础。

一、中国共产党日趋成熟

从 1921 年建党到 1935 年召开遵义会议，党在挫折中前进，日趋成熟。中国共产党在这十几年间遭受了一些重大的挫折：在全国范围内发动大大小小的工人罢工运动失败、参与国民大革命却出现右倾错误、"左"倾激进主义导致第五次反围剿失败并被迫进行战略性转移等。中国共产党在遭受挫折的同时也获得了长足的进步和发展：主张建立国共统一战线、主张建立抗日民族统一战线、走出"农村包围城市，武装夺取政权"的革命新路线、确立毛泽东的领导地位等。正是由于革命道路上的艰难与挫折的磨砺，中国共产党在组织上、政治上和思想上都走上了健康发展的道路，日益发展成真正有能力维护广大人民利益的成熟的工人阶级的政党。中国共产党的成熟使其认识到日本侵略者的奴化教育的严重危害性，并有能力进行反奴化教育的斗争。

二、制定高瞻远瞩的教育方针

中国共产党反奴化的教育方针的提出经历了几个重要的阶段。早在全面抗战尚未开始的时候，中国共产党在提倡建立抗日民族统一战线的同时提出抗战的教育方针。此时抗战教育方针的主要精神内涵是：教育服务于抗日战争，为抗战提供思想支持；培养具有持久抗战意识和强烈爱国精神的人才干部作为战争预备队；唤醒中华民族的抗日自觉性和民族忧患意识；培养儿童作为民族精神的传承者。

1937 年，抗日战争全面爆发，毛泽东提出国防教育方针："国防教育。根本改革过去的教育方针和教育制度。不急之务和不合理的方法，一概废弃。新闻纸、出版事业、电影、戏剧、文艺，一切使合于国防的利益。禁止汉奸的宣传。"[①] 从此党将反奴化教育与国防教育紧密结合在一起。

1940 年，毛泽东在《新民主主义论》中提出更符合中国当时国情的新民主主义教育方针。新民主主义教育方针是抗日的、民主的、符合中华民族长远利益的过渡时期的教育方针，有助于团结一切抗日的力量和抵御日本帝国主义的文化侵蚀。新民主主义教育方针明确增添了反奴化教育的内容，有力地推

---

① 毛泽东：《毛泽东选集》（第二卷），人民出版社 1991 年版，第 348 页。

动中国教育事业的复苏和发展。

三、成立反对奴化教育的教育组织和机构

在中国共产党的有力推动和积极影响下，共产党自身和一些爱国的教育界人士前仆后继地组织众多明面上或暗地里的群众性的反奴化教育组织机构，宣传革命的光明前途和中华民族抗战必将胜利。读书会、东北抗日救亡总会、社会科学讲习所和星星剧团等是抗日战争时期反奴化教育组织的典型。

读书会是活跃在敌伪统治地区的反对日本殖民主义的群众性组织。该组织活动的主要目的是唤醒青年儿童的抗日意识和抗战到底的思想觉悟。"读书会"内部的进步青年积极推动宣传民主抗日的国内外书籍的传播，借此来启迪人民群众对民族独立自由的期望、激发广大人民抗日救亡的积极性。读书会内部的进步青年希望通过大量的阅读来提高自己的文化水平和斗争技能。

东北抗日救亡总会简称东总，是在党的领导下由几个读书会合并而成，将进步青年团结在抗日救国的伟大旗帜下。在抗日战争的中后期，东北抗日救亡总会陆续在东北各大城市设立分部，承担起为反抗日本侵略者而收集情报的重要使命，推动了抗日战争伟大胜利的到来。

星星剧团又名"星星剧社"，寓意是"星星之火，可以燎原"，是中国共产党领导下的半公开性质的演剧团体。"星星剧团"的骨干成员为剧团安排了三个剧本，却由于日伪当局和秘密警察的严密监视，剧本均未能正式公开演出。星星剧团在日本殖民当局的武力压迫下，仅存在短暂的时间。

中国共产党曾在日军占据的上海成立社会科学讲习所，用来培养救亡图存的骨干人员和向抗日游击部队输送优秀干部。由于革命形势的急剧变化，社会科学讲习所只开办了四期就宣布解散。

日本法西斯凭借强大的军事力量和国民党"不抵抗"政策的纵容悍然发动局部侵华战争，并在短时间内迅速占领我国东北地区。日本法西斯为了达到永久奴役中华人民的目的，在占领区采取措施实行旨在蚕食中国人民的民族精神和抗争意识的奴化教育政策。中国共产党欲在沦陷区和日本侵略者展开反奴化的斗争，捍卫中华人民的民族精神。但日军在占领东北三省后摧毁了中国共产党在东北辛苦经营的各级党组织机构。中国共产党从不放弃对处在敌占区的人民的反奴化教育运动的组织和领导。中共中央采取各种办法，通过各种途径，派人进入日伪统治下的一些城镇和农村，长期隐蔽从事秘密活动，发展抗日爱国力量。

中国共产党为了避免在沦陷区的反奴化教育领导机关受到日军的破坏，采取了单线领导、多线派遣的针对日军间谍活动和破坏活动的方针。在该方针的指导下胶东区党委、中共北平市委东北特别支队、华北局社会部、晋察冀分局东北工作委员会等系统均有派遣大量的党员干部到东北敌占区进行地下活动，以推动沦陷区的反奴化斗争的发展。

中国共产党党员和共青团员在党中央的领导下，在反对日本法西斯的奴化教育中发挥着核心作用。共产员和共青团员发扬不怕苦、不怕牺牲的革命精神，凭借高度的爱国和斗争意识感召广大人民群众和爱国青年不要忘记自己的祖国和民族，坚持抗战到底直到将侵略者赶出中国国土。

教师是反奴化教育斗争的重要环节，为了防止教师的民族意识被日军的奴化教育政策所侵蚀以及将更多的教师拉拢到反奴化教育的战线上，中国共产党还在敌占区建立了教师工作委员会。通过"教师生活互助会"与"小教同人进修会"等教师抗日组织，进行反对日本法西斯及其扶植的伪政府的奴化教育斗争。众多教师抗日组织富有前瞻性地开展群众反奴化教育工作，使日伪占领区师生的反日伪奴化教育的斗争一直坚持到抗战胜利。

总而言之，在中国共产党的领导下这些爱国师生持之以恒地战斗在教育战线上，为把日本侵略者及其奴化教育制度彻底埋葬在历史的尘土中，坚持了英勇的、长期的、艰苦的斗争。他们中有的为抗日救国而壮烈牺牲，有的一直战斗到迎来最后的胜利。他们具有高尚的爱国思想和民族气节，誓死不做亡国奴。他们的坚贞不渝的民族气节，无声却持久地影响了一代又一代中华民族的优秀青年。

四、采用灵活多变的教学方式

抗日根据地群众在党的领导下。针对敌人的严密监控，创造性地发明出形式多样、隐蔽性强的办学形式，其中比较常见的是抗日隐蔽小学和双面小学。

所谓的抗日隐蔽小学主要出现在敌人不允许成立学校的占领区和日军经常扫荡、围剿的高危地区。这些地区根据地军民为了维持正常的教学活动，发明出抗日隐蔽小学的办学新形势。抗日隐蔽小学大多选在隐蔽偏僻的场所开设而且没有固定的教学场所，地下室、荒废的庙宇等都可以成为抗日隐蔽小学的暂时性教学场所。共产党人利用地理位置的优势，配合地道战进行地道教学，教师把学生集中起来在地道里进行教学，地道上要设立岗哨来密切监视日军的动向。在环境相对安全的时候，教师把学生召集到地道口附近的教室里进行教学，同时派遣民兵承担放哨警戒的任务。一旦哨兵发现敌人来对抗日根据地进行扫荡和清洗，教师就迅速将学生安全转移至地道内部躲避日军的突袭。有时甚至在日军来扫荡围剿的情况下也可以安然在地道里进行教学活动。

经常改变教学场所是反扫荡、反围剿的需要。在敌人频繁进行扫荡、围剿的地区难以存在具有固定教学时间和教学地点的普通教学方式，游击式活动教学就是为了适应这种情况而产生的。高年级的学生带领低年级的学生，约定地点进行授课，像打游击战一样进行教学。"敌进我退，敌退我进。"抗日游击教学让敌人难以掌握我方教学活动的规律，降低了敌人破坏我方教育事业的可能性。

双面小学就是披着一层伪装的小学，表面上是听从日本殖民者号令的亲日小学，实际上却是对学生进行抗日教育的革命学校。双面小学主要是由两种学校类型转变而来的。其一是原来敌人开设的讲授日本殖民文化的日伪小学，经过革命人士的努力争取改变了原本反动的性质而转化成双面小学；其二是坚持宣传抗日的抗日小学，为了坚持抗日教育，披上日伪小学的面纱。双面小学墙上贴有宣传日本殖民主义的标语，学生表面上使用的教材是日伪政府所批准的亲日教材，设有应敌教师专门应对敌人的突然袭击。在中国共产党的领导、教育和影响下，广大爱国师生在日伪警、宪、特的严密监视下，在极其艰苦的条件下，采取各种形式向沦陷区青少年儿童进行抗日爱国的革命教育。这些爱国教师巧妙地利用日伪现行的教材，用表面上看似遵从日本侵略者奴化教育方针的讲授方式来启发学生的民族意识。

在这些爱国的教育工作者的言传身教下，革命的星星之火被点燃，引导敌占区的青年学生走上了革命、反抗日本侵略中国的道路。他们中有许多进步青年参加了中国共产党和共青团。共产党人在沦陷区的一些中小学中发展了一批共产党和共青团的新成员，在为党组织注入新鲜血液的同时推动敌占区反奴化教育斗争高潮的到来。

伪装教学是共产党人智慧的充分体现，在敌人密切监视的敏感军事重地，甚至连游击式活动教学都难以继续，这种情况下就需要采用伪装教学的教学方式。在抗日教师的指挥下，学生假扮成非学习人员，假装在从事其他活动，事实上却实在参与教学活动，借以逃过日军的严密监控。

◎ 国民政府的反奴化教育斗争

一、国民政府对各级教育实施的反奴化措施

我国初等教育在日军的大举进犯下遭到严重的破坏，在校师生的数量锐减。针对该严峻的形势，国民政府对原本的教育体系进行了相应的改革，以和"抗战建国"的国策相适应。

国民政府在抗战初期坚持维持义务教育体系，但实际上义务教育在当时的战争环境下没有得到切实落实。为此国民政府大力推进国民教育普及计划，虽然各地的进展不尽相同，但在中央和地方各级政府的大力支持下国民教育普及计划仍得到一定程度的推行。

国民政府建设大量的临时性中学来安置从战争前线辗转来到大后方的流亡学子，随后又取消临时性中学校名上的"临时"二字，按照成立的先后顺序以数字冠校名。

南京国民政府在国统区内部划分学区，每个学区都至少设立一个省立中学或者联立中学，保证中等教育的正常施行。

为了防止旧中国本来就薄弱的高等教育资源在日军的炮火摧残下消亡殆尽，国民政府采取措施将高等院校向相对和平的内地大后方搬迁。高等院校的内迁是抗战背景下中国高等教育资源的战备转移，不但对保存我国的教育事业发挥着重大的作用，而且培养出一代文化素养高、爱国精神强烈的优秀华夏子女。

二、国统区的主要教育主张

抗日战争爆发后国难当头，中国国内民族情绪极度高涨，由此产生了席卷全国的战时教育思潮，中国教育界人士对教育体系的变革问题进行了深刻的思考。文化教育界产生的战时教育思潮直接影响到南京国民政府的决策。战时教育思潮是八年抗战期间中国国内的主要教育思潮，各大政界要员、学界人士等提出了自己的战时教育主张，对抗日时期中国教育的发展产生了重大的影响。

抗日战争爆发后，中华民族面临着极其深重的民族危机。国民党内部一些爱国的教育人士提出应该变革原本的教育制度、缩短教学年数、停办或改组所有高中以上的与军事无关的教育机构、征召学生参加抗日战争等比较激进的措施。针对应该保持正常的教学秩序还是打破一切常规的教学秩序、打造绝对为抗日服务的教学秩序问题，国民政府的最高领导者蒋介石有着自己的看法。蒋介石反对采取过度激进、破坏原有教学秩序的极端措施，即"平时要当战时看，战时应当平时看"。在"战时教育平时看"方针的指导下，国民政府维持了正常的教学秩序，主张学生应该安心学习，在知识上战胜敌人。

陶行知提倡战时全面教育理论。战时全面教育理论的内涵主要有两点：其一是在施教对象上对于任何年龄段的群体都要一视同仁，不管是正值壮年的儿童青年还是处在人生黄昏期的老年人都可以成为施教的对象。须知在日军步步紧逼的情况下，任何年龄阶段的人都可能发挥巨大的作用。其二是在施教地区上任何地区都应该受到教育的恩泽，无论是在安谧平静的敌后地区还是在枪林弹雨的战场上，教育都应该开办过去。所谓的全面教育理论就是在施教对象和施教地区上都要是全方位的，陶行知属于当时教育家中的激进分子，曾大力呼吁：办教育就要真枪实刀地干，要大规模地办教育，要集中社会各阶层的力量热火朝天地建设教育事业。

　　李公朴提出战时教育理论，在一定程度上质疑当时国民党内盛行的"战时教育平时看"的教育理论。在李公朴先生看来，战时教育必定要与和平时期的常规教育有所区别。但同时李公朴又反对激进的战时教育理论，认为学生不能完全抛开课本而全身心投入保卫祖国的真枪实战中去，更不能把学校开办到枪林弹雨的战场上。

▲李公朴

　　李公朴为战时的教育提出七大原则：一是要在注重和中国国情相结合的前提下积极吸收外国的优秀文化成果；二是战时教育的方针和政策要灵活权变、因地制宜，不可不注意个别地区的特殊情况；三是战时教育要讲究实事求是，把教育和实际生活结合起来，不可纸上谈兵；四是战时教育要做到有教无类，中小学校里的儿童学生固然是受教育的主体，但也要关注

农民等社会阶层的教育；五是战时教育要和民族独立革命相呼
应，"使整个中华国民，都要为民族的生存而奋斗"①；六是战
时教育要将教育和战斗相结合，服务于抵抗日本帝国主义的战
斗；七是战时教育要突出信仰和"主义"，促成民族独立。

◎ 反奴化教育斗争的巨大成果

一、瓦解了日本帝国主义的奴化教育

在侵华早期，日军采取野蛮的手段对神州大地原本的教育
设施和教育资源进行破坏，大力镇压和迫害反对其殖民统治的
爱国师生，对中国的文化教育事业造成严重的破坏。后来由于
日伪政权的逐步建立以及为了缓和中日之间的民族矛盾，进而
维护日本在中国的殖民统治，日本侵略者改变了原先的暴力破
坏教育的方针，酝酿推行奴化教育，以期达到将中国变成其永
远的殖民地的目的。在日本侵略者看来，儿童的思想比成年人
的思想更具有可塑性，对抗日意识坚定的成年人实行奴化教育
难以产生效果，而未成年人的"三观"尚未完全定型，更容
易受到外界环境的影响。基于以上原因，日本殖民者将中国儿
童确定为实施奴化教育的主要客体。而中国方面推动的反奴化
教育斗争有力地粉碎了日本帝国主义侵略者同化中华民族的阴
险企图。

广大师生在中国共产党的领导下和日本侵略者斗智斗勇，
在反奴化教育的斗争中提高了政治觉悟，增强了对日本殖民文
化的抵抗力，令日本帝国主义奴化中国儿童的企图破灭。日伪
政权的奴化教育方针、机构和活动在广大师生的反抗下受到相

① 李公朴：《战时教育的理论与实践》，读书生活出版社 1938 年版，第 17 页。

当程度的破坏。广大中华儿女没有在日本法西斯依靠武力推行的奴化教育面前屈服，而是在斗争中锻炼和提高了抗战的能力，使日本帝国主义的奴化教育终归破产。据抗日战争期间日伪政府的奴化教育指导机构的调查结果显示，沦陷区的中国群众从心底里信服日本文化的仅占少数，大多数中国人民仍保持了对中华文化的拥戴，反对日本殖民文化。这说明日本帝国主义极力推行的奴化教育政策在人民群众的广泛抵制下收效甚微，没有取得同化、奴化中华民族的预期效果。广大人民群众还积极配合党的领导，在沦陷区发展抗日双面小学等反对日本的教育机构，抵御日本文化的侵蚀。

反奴化教育力量的不断增长使得沦陷区人民群众的爱国主义情绪高涨，他们在党的领导下积极投身伟大的抗日民族统一战线，推动全民抗战局面的形成。

二、培养优秀的祖国后代

抗日战争期间进行的反奴化教育斗争也促进了优秀文化的广泛传播，提高了广大人民群众的文化水平。民众教育是反奴化教育的重要组成部分，进行民众教育的主要方式是开设识字班和民教馆。在反奴化教育斗争的影响下一定程度上提高了中国人民的识字率和整体文化水平。

反奴化教育培养了大批优秀的教师和学员。建设具有高度文化素养和爱国主义意识的教师队伍是进行反奴化教育的重中之重。沦陷区的爱国教师们和日本人进行周旋，表面上服从日伪政府的奴化教育方针，暗地里向学生传授中华民族文化，鼓励学生积极参与抗战。根据地的爱国教师在艰苦的战争条件下极力维持教学的正常运转，向青年学子传道授业，培养优秀的干部投入抗日战争的洪流中。爱国教师的言传身教在青年学生和儿童的心中留下了抗日的火种。优秀学生冲破奴化教育在思想上的重重阻碍，义无反顾地走上反抗日本帝国主义、争取民族独立自由的道路。在反对日本帝国主义的战争中涌现出大量儿童英雄，如刘胡兰、海娃等，他们不怕日本的枪炮和刺刀，誓死维护民族的整体利益。

三、奠定了抗战胜利的思想基础

以毛泽东为领导的中国共产党人把抗日救亡教育作为战时教育的中心事业，积极进行教育改革，建设出为抗战服务的战时教育体系，推动全民抗战局面的形成。中国共产党改变照本宣科的旧式教学方法，采取积极灵活的教育措施，获得突出的成就。广大少年儿童、青年少壮在反奴化教育的影响下用自己的方式反对日本的侵略。

"教育服从经济，教育要和生产活动紧密结合"是马克思教育理论的经典论断，中国共产党在反奴化教育斗争中将马克思主义教育理论和中国的现实国情相结合，推动了马克思主义理论的中国化。

抗战儿歌摘编

1. 八路扛枪俺扛棍

八路扛枪俺扛棍儿，
看见鬼子就有气儿。
八路扛枪俺扛棍儿，
站岗放哨真带劲儿。
八路扛枪俺扛棍儿，
无枪照样打鬼子。
八路扛枪俺扛棍儿，
打得鬼子掉眼泪儿。
八路扛枪俺扛棍儿，
迎来革命大胜利。

2. 儿童革命歌

快来吧朋友们，
剥削和压迫使我们孤苦无靠，
有了中国共产党的领导，
我们团结心一条，
用自己的双手，
彻底消灭日本鬼子狗强盗。
快来吧朋友们，
鬼子和走狗使我们痛苦难熬，

参加抗日解放全民族，

我们团结心一条，

用自己的双手，

彻底消灭日本鬼子狗强盗。

3. 小梭镖

小梭镖，尖又长，

天天陪我上山冈。

扛着梭镖山冈站，

又放哨来又放羊。

日寇、汉奸敢进山，

一家伙戳他个透心凉。

4. 小宣传员

秧歌扭得欢，

腰鼓咚咚响；

我们儿童团，

到处宣传忙。

上大街，进会场；

又演乡亲们支前线……

大叔、大婶直鼓掌，

大爷、大娘齐夸奖，

"别看年纪小，

抗日斗志强！"

5. 小河的水向东流

小河的水向东流，

赶上这烦乱的念头，

爸爸上战场保家乡，

哥哥也拿枪打东洋，

姐姐组织了慰劳队，

妈妈给战士们做衣裳，

剩下小弟心不安，

站岗放哨查汉奸。

红旗飘飘，星光闪闪，

我们都是抗日儿童团。

生产、战斗、努力学习，

站岗、送信，又当侦探。

……

全力支援八路军，

保卫家乡太行山；

全力支援八路军，

把鬼子汉奸消灭完。

6. 小家伙

青芦叶，碧湖水，

太湖人打过日本鬼。

碧湖水，青芦叶，

太湖石染过鬼子血。

青芦叶，动一动，

敌人脑袋裂道缝。

碧湖水，翻一翻，

日寇汽船底朝天。

芦叶稠，湖水阔，
家家知道个"小家伙"。
跟陈毅，扛钢枪，
侦查出入鱼米乡。
别看"小家伙"个不高，
背后插把大砍刀。
莫要看他孩儿家，
脑中巧计用车拉。
听说龟坂有支抢，
连珠盒子闪亮光。
这支枪，要夺下，
好枪杀敌多利洒！
三星落，雾迷迷，
"小家伙"湖边来钓鱼。
摇着头，唱着歌，
两只空酒瓶篓里搁。
正巧龟坂来饮马。
崭新盒子腰间挂。
"小家伙"跳起踹一脚。
马一受惊死命跑。
龟坂刚要把枪摸，
两只硬玩意儿腰后戳。
枪也缴，刀也摘。
"小家伙"喊声"转过来！"
鬼子转身眼气红，
原来他攥着俩酒瓶。
龟坂猛扑想摔跤，

　　　　"扑哧"挨了一马刀。
　　　　擦干血迹挂好枪，
　　　　日出照亮鱼米乡。
　　"小家伙"一直扎进湖，
　　　　智勇双全人佩服！
　　"小家伙"事迹绕湖飞，
　　　　钓鱼钓死一头龟。
　　　　中华少年要武装，
　　　　空酒瓶换来盒子枪。

7. 少年血

　　　豪气壮山河，愤极拔刃长戈，
　　　想博古通今圣贤英雄豪杰，
　　　　同扶义鲁挽狂澜，
　　　　卧薪尝胆国耻雪。
　　今江山半壁已丧失，谁差落？
　　　　少年们当如何，
　　　　齐奋起将敌灭。
　　　叹，国事纷纭风云叵测，
　　　　热血唤醒神州兮，
　　　　长枪捣破倭奴穴。
　　到此次东北烟云平，安祖国。

8. 少年立志歌

　　　　人生岁月去如梭呀，
　　　　青少年可莫忽略，
　　　　吾辈责任众多。

拔剑起舞歌慷慨，

豪气壮山河。

吾少年当如何，

建立大功创大业，

要做地球上真豪杰，

当今争世界，

从军求学爱国，

莫把少年等闲过。

9. 日本票，我不要

鬼子掏出日本票，

"小孩，抗联哪边地跑？"

日本票，我不要，

抗联跑哪我不知道不知道！

10. 抗属家里看一看

火红太阳刚出山，抗属家里看一看。

抗属缺柴烧，咱去上山砍；

抗属水缸空，咱去挑几担；

抗属要碾米，推碾不嫌烦。

抗属谢谢咱，咱说这个不用谈；

咱是抗日儿童团，拥军优属为抗战！

11. 抗日救国儿童团歌

小小日本真可恨，

无故强占东三省，

修道归屯还不算，

并且烧杀带强奸。

齐奋斗，齐奋斗！

为我解放和自由，

小朋友们齐奋斗。

小小朋友要听真，

快快都来打日本，

起来起来都起来，

快把武器拿在手。

齐奋斗，齐奋斗，

为我解放和自由，

小朋友们齐奋斗。

共同前去打日本，

不怕枪林和弹雨，

勇敢冲锋杀仇敌，

光明道路去奋斗。

齐奋斗，齐奋斗，

为我解放和自由，

小朋友们齐奋斗。

12. 抗日少年先锋队歌

炮火连天响，战号频吹，决战在今朝，

我们少年先锋队，英勇武装上前线，

用我们的刺刀枪炮头颅和鲜血，

坚决与敌决死战。

四十余年的国耻，血债要用血来还，

中华民族好男儿们，响应祖国的号召，

用我们的刺刀枪炮头颅和鲜血，

坚决与敌决死战。

保卫华北，收回东北，统一我中华，

人类和平与幸福，不容野蛮人来蹂躏，

驱逐日本帝国主义强盗出中国，

誓死不做亡国奴。

黄帝子孙，四万万同胞团结起来，

民族革命火焰燃遍了东亚的原野，

驱逐日本帝国主义强盗出中国，

誓死不做亡国奴。

开战胜利进攻，消灭万恶的敌人，

夺取那吉林奉天与龙江省中心城市，

抗日救国血红旗帜，插遍全中国，

完成革命胜利。

13. 军民同打游击战

八路军同志真能干，

扛着大枪上前线，

青救会员送子弹，

妇救会支前去募捐，

儿童团员作宣传，

自卫队站岗放哨捉汉奸，

游击小组去侦探，军民同打游击战，

小小的日本鬼眼看着就完蛋。

14. 军民团结打日寇

战马叫，军号吹，

八路冲锋日寇退，

日寇退，八路追，
四面赶来游击队。
游击队，埋地雷，
炸得日寇血肉飞。
"青抗先"，大刀挥，
也到阵前来助威。
儿童团，妇救会，
押走俘虏一大堆。

15. 青纱帐里办学校

青纱帐里办学校，
教科书是油印报。
互相帮助互相教，
革命道理心头照。
边学习，边放哨，
抗日救国心一条。

16. 采莲

莲蓬大，荷叶圆，
我划小船姐采莲。
姐姐采莲满头汗，
我划小船歌声传。
快快划呀快快采，
回去慰问伤病员。
只盼叔叔快快好，
回到前线把敌歼。

17. 站岗放哨歌

叔叔我问你，你到哪里去，
通行证儿大半你也带着呢！
拿过来看看你才能过去，
因为现在情况关系不马虎的。

18. 编草鞋

儿童团，一排排，
月光底下编草鞋。
心儿红，手儿快，
一支歌儿一双鞋。
新草鞋，八路穿，
爬山涉水走得快。
追上去，杀日寇，
快把捷报捎回来！

19. 埋"铁瓜"

跟着游击队，
学会埋"铁瓜"。
位置选得好，
伪装也不差。
埋下仇和恨，
仇恨要发芽；
浇上日寇血，
开出胜利花。

20. 拿起红缨枪

红缨枪，红缨枪，

枪缨红似火，枪头放银光。
拿起了红缨枪，去打小东洋；
小东洋横行霸道是恶魔王，
它要想把中国来灭亡。
孩子们啊！孩子们！
你愿做牛马？你愿做羔羊？
不愿意！不愿意！
拿起红缨枪，快打小东洋，
山顶上，森林旁，
放哨又站岗，
游击战争干一场。
打东洋，保家乡！
打东洋，保家乡！
不让鬼子逞疯狂！
不让鬼子逞疯狂！

21. 芦苇秆

芦苇秆，三尺长，
俩叶一编做长枪。
双手紧握分前后，
胸脯一腆上战场，
杀杀杀杀杀杀杀！
消灭鬼子野心狼。